走向
田野…

婺源的桥

洪忠佩 著

目录

水的记忆

——木桥上的流年碎片

一

河流的理想在远方，桥却诞生在去远方的路上。

桥，有着双重的压力，既承载着路，亦承受着水。只有在有水有路的地方，我们才能找到桥的身影，抑或通过桥残缺的局部去还原桥的本真。在婺源，我顺着河边的村庄行走，围着一座座或熟悉或陌生的桥转悠，试图透过水面上的桥影，漾开婺源的乡土民俗，洇出婺源人的社会生活。一座桥，可以径直从此岸到达彼岸，甚至抵达深邃漫长的时光。

像嵌入婺源村庄的土地庙一样，木桥也是属于婺源乡野村庄的。河流、天空、山峦、村庄，是一座木桥抒情的底色。当河流向着村庄与远方敞开时光之门的时候，一座木桥丰富了婺源人与河流的想象。是河流经年的丰润，让婺源人忽略了木桥上曾经的春光与霜白？还是木桥上曾经的春光与霜白，让婺源人忘记了村庄的流年？婺源的河流，不仅孕育了朱熹这样的理学大家，河流的桥上，还走过了李白、黄庭坚、苏东坡、何执中、宗泽、岳飞等一批声名显赫的访客……

在婺源以梁桥、拱桥、浮桥、吊桥构成的桥梁类型序列里，木桥是原始而简便的，从最早的跨越障碍的横木为桥的独木桥，到后来演进发展的木板桥，其材质从杂木到杉木再到枞木（松木）为桥脚、杉木为桥面，都是木桥质朴的写真。从横木为桥的那刻起，我们似乎感受到了村庄最初的文明。一个个有着悠久农耕文明的婺源村庄，是一片以桥衔接的山水田园，古朴、灵秀，宛如画境。在婺源人的心目中，木桥是山水衍生的，是人与山水的对话，自然、顺畅，一如人们对土地的亲近与依恋。对木桥的叫法，婺源人因形而名，简单、直接，有的叫板凳桥，也有的称人字桥。这样的叫法，贴近于生活，更贴近人的本身。在这样的木桥上，我们仿佛看到了婺源人在古老时代生活的开始。

木桥的前身是一棵棵长在山上的树。清溪河流，波光粼粼，木桥隐约。倘若木的本色透着葱郁茂密的森林，而木的纹理却叠映着时光之轮。在中国的版图上，联结着皖、浙、赣边地的婺源，不仅出产绿茶、砚石，还盛产木材。“婺、祁山多田少，乡民栽杉木为林，以供赋税，三四十年一伐。”而有些山民“养生送死，尽在其中”（《大清一统志》）。“婺源贾者率贩木”（民国版《婺源县志》）。婺源在新安江和乐安江水系的源头，向东可经新安江、钱塘江直达杭州，向南呢，可以由乐安江经鄱阳湖接长江，远抵南京。从宋代婺源木商放排贩木的那天开始，“水客”们（婺源木商的整个经营活动，包括了拼山、采伐、运输、销售等各个环节。在婺源人的口语中，把从山场采伐运送到河边的商人叫“山客”，而从水上贩运木材去异地销售的则叫“水客”）随着家乡的河流，就把自己的命运托付给了陌生的远方。在遥远的年月，全国各地的码头都来往穿梭着婺源木商的影子。据《婺源县志》记载：“古徽州辖歙、黟、休宁、祁门、绩溪、婺源六邑，木商以婺源为著，休宁次之，祁门、歙县等又次之。”在漫长的历史建制里，婺源曾是盛开在徽州的花朵。明清时期，在中国“十大商帮”中，晋商、徽商等是以乡土亲缘为纽带，以会馆办事机构和标志性建筑为特征的商业集团，盐商、典当商、茶商、木材商，则成了徽商的“四大行业”，婺源商人以“木商”饮誉其中。北京颐和园、山东曲阜孔庙的栋梁，均源自婺源的木商。在婺源民间，流传着这样一个故事：清朝乾隆皇帝修建宫殿，晓谕各地进贡杉木一百棵，不仅要求粗如谷箩，长需十丈，而且不能有节疤。于是，全国运去成千上万棵杉木，只有婺源的九十九棵符合要求。乾隆皇帝只好再降圣旨，悬赏白银千两，结果最后一棵杉木还是来自婺源。民间传说的可信度有多少值得商榷，却从一个侧面反映了当时婺源木商的辉煌。应是从明代开始吧，婺源有记载的木商真的是数不胜数，西冲俞氏、江湾江氏、庐坑詹氏、坑头潘氏，还有漳村王氏等，都是世代经营木业的大家族。翻开婺源商人在上海从事经营活动的历史，可上溯至清代乾隆初年。婺源人胡执卿、杨锦春、胡靖畔靠经营杉木发家，纵横十里洋场，并成为了上海木业的巨擘。从他们开始，婺源的杉木垄断着上海的市场。在沅水之滨的湖南德山，“婺邑木商往来必经其地，簰夫不下数千人”。婺源木商还在一些商埠重镇开设“木行”，旧时杭州候潮门外最为出名的“徽商木业公所”，“创自婺源江扬言先生，其子来喜又于江干购置沙地，上至闸口，下至秋涛宫，共计三千六百九十余亩”（《徽商公所征信录·序》)。在这些木业巨头中，婺源香山程文昂（字双石）的名字是无法跳过的。他在婺源历史上的现身，不仅是名噪一时的木商，还是篾缆（用竹编成的缆绳，春江放排捆扎木排用）的发明者。篾缆的出现，彻底告别了放羊式水上贩木的历史。随后，篾缆开始广泛用于木桥上，串联桥板与桥脚的便是程式篾缆。在他们的生活里，是一场又一场的桃花汛，是一根又一根联结成排的木头，是恪守的商道，还有辗转反侧的长夜淌进梦中的星江,以及星江上的桥。在程文昂等木商的心中，木桥与木排走得太近了，它们在相遇中离去，又在离去中相遇。时光倒退，树、河流、木桥，还有流水般走过木桥的人，都是扣在一起的信息，醒目的，遮蔽的，隐匿的，都像被一根无形的篾缆串联了起来。

二

汉代“字圣”许慎在《说文》中说：“桥，水梁也。”

桥的渊源是河流。在饶河的水系里，在乐安河的上游，段莘水、古坦水、武溪水、江湾水、浙源水、潋溪水、高砂水、横槎水、赋春水、长溪水、镇头水呈脉状分布，曲折、迂回、蜿蜒，而古坦水与段莘水则在武口汇合，形成了婺源的干流——星江，全县河流总长度有五百一十六公里，流域面积二千六百二十一平方公里。在潺潺的水声里，桥在不同的年代与河流呼应着。在商代以前就有人类活动生息的婺源山区，这片土地上的原住民是山越族。后来，随着中国历史上“永嘉之乱”、“安史之乱”、“靖康之乱”的三次大规模的人口南迁，外来氏族部落成员的不断迁入，这片峰峦叠嶂、河流密布的地方，成了中原士族避乱归隐之地。百转千回，彼此相融，婺源人沿河而居，河盈润着婺源人的生活，桥丰富着村庄两岸的风貌。葱郁的山峦，蜿蜒的阡陌，瓜棚豆架的菜园，长方不一的稻田，还有粉墙黛瓦的民居，以及鸡鸣犬吠之声，一如流水的鲜活，充盈着村庄生活的气息。

在这样的村庄里，沿着小桥流水，古树、老墙、深巷、桥梁、石板路，是时光刻度的标记，亦是进入村庄过往，甚至一个宗族的通道。祠堂、路亭、桥梁、水埠、山林，都是一个宗族，抑或一个村庄全体村民必须共同维护的公共设施。在传统社会，“礼法兼治”是处理与解决人与人之间关系的基本原则，而乡规民约是婺源村庄在遥远的年代建立和规范民间秩序的主要方式。一旦矛盾激化，产生了纠纷，则由同族的人诉之于族老、祠堂，不同族的呢，即诉之于乡约、文会，以期仲裁与调解。古时，婺源村庄契约文书中有一份《禁苦株树林帖》，就是由于有人偷伐道路两旁的古木，而通会各房、族长严禁滥砍滥伐的，对违禁者的处理轻则罚戏办酒，情节严重的，还必须由排年（古代指轮流当差的人）、乡约（古代指奉官命在乡里管事的人）或保长上报官府，加以严惩。

溪头龙尾村的乡约所，可以说是古时婺源村庄乡约制度的一个缩影。据村中老人介绍，龙尾村因处于段莘水西岸龙形山的尾端而称龙尾，村庄始建于唐代，段莘庆源詹氏第二代詹士诚（字有遇）始迁龙尾〔《庆源詹氏宗谱》乾隆五十年（1785）载记〕，但由于詹氏后来在龙尾销声匿迹，江湾的江姓在元末迁入，始迁祖是弥四公（字用宾，行弥四）。弥四公留给后世的德行，《弥四公祠碑》中都记载得一清二楚。随着变迁，村中江、陈、叶、程为主姓。在龙尾，乡约所还有一个堂名——“恂恂堂”。在龙尾村的记忆里，身为明朝福建巡抚的婺源人游震得，为家乡的乡约所题写堂名时，吟诵的是“为人矜严，好修容仪，进退恂恂”（《汉书·冯参传》）。位于龙尾村中的乡约所，是龙尾的先人出于维护村庄的安稳和谐而建的，从它落成的那天开始，一幢房屋由一个建筑符号向村庄秩序建构，经年掌控着村庄的话语权。于是，乡约所便成了这个村庄生活道德的背景，融合了当地生活习俗的底色——乡约的作用除了“德业相劝”、“过失相规”、“礼俗相交”，还须“患难相恤”。村庄最初的公共事务管理模式，包裹着传统文化的内核。我去龙尾村，看到的乡约所只是一幢古旧斑驳的老屋（建筑形制类似于村庄的祠堂），里面空荡荡的。如果时光倒流，厅堂之上正襟而坐的，应是村民最为信服的长者吧？从约定俗成，到相沿成习，蔚成风气，这是一种循序渐进的过程。在穿越时空的抵达中，龙尾江氏宗祠世贤堂的一份造桥募引，还原了遥远年月的生活现场——

“龙尾港口，婺东北之通衢也。双溪合流，行旅负担，集凑络绎，实为要津。向有木桥，以达往来，每夏月霉雨暴降，水涨桥解，渡之以舟，然涛澜迅激，时有覆溺之虞，济者病焉。吾乡议建石梁，上为亭树者旧矣。因财用不充，工再兴而辄止。今本祠捐厚资以缵成前议，凡鸠工伐石，购木陶瓦，所需既专任之矣，而搬运群材之工，不无繁费，尚须众力经营，爰恳仁人善士，慕义劝输，共襄盛举，俾行旅永无匏叶之叹，而负担长蒙利涉之休，不亦所施者约，所济者众哉。俟厥功告成，将勒贞珉，以垂芳名于千秋，其与倾囊而营梵宇者，善相万也。同志者勉旃。时雍正元年桂月谷旦龙尾江氏宗祠世贤堂敬引。”(《造港口桥梁募引》)

段莘水与武溪水合口处，便是龙尾村港口。原先，港口是以木桥通行。然而，每到梅雨季节，河水猛涨，港口的木桥就被冲垮了。这份募引是由龙尾江氏宗祠世贤堂发起的，木桥改石桥由江氏宗祠捐资，购买及准备建桥的相关材料，并倡议族内（外）慕义捐输。募引还不足二百七十字，流传的年数已超过了字数。

从婺源人心中桥葆有的“补天济世之才，利物济人之德”，再去读《泓源桥会山记》，便觉得顺理成章了：“仁莫大于济众，德莫善于津梁。吾祖三姓同居泓源上社，出入必有当途要津，于是建议与□□□□共置有桥山一业，土名□□处，向来蓄木以资助用。迩来人心涣散，山林濯濯，或有桥木之损坏者，则亦无所补矣。是以□□年，我上社合众另买□□处桥山，以为悠久之计，用之取用，不用则禁，而子孙世守，永固桥梁之用矣。又虑洪水泛滥之时，而梁之无不冲裂者，斯时往过来续之人，虽有木排暂济之功，不无扬厉之叹，因感而言，代桥之济莫如舟，则有□□人之应，各启诚心，捐资以助，且喜有桥山之木，而梁之可绎，洪水之兴，而舟之可济，虽无远作之功，颇庆门前之德。”清代时，泓源潭与龙尾同属万安乡长城里（今属秋口镇黄源村）。这样的记述，不得不让人去追溯泓源潭在明嘉靖年间的建村人李汝祥，以及其后人在河曲水潭旁展现的性情。泊水河畔，木桥的一头是泓源潭村，另一头则是唐昭宗李晔敕赐金字牌额的黄莲寺，在悠远的钟声里，萦绕传递着村庄的古朴与宁静。

一直蛰伏在村庄传统生活中的事，没人问起，就忽略了，一如桥山的树，任其自由生长。村庄的桥山、桥会、桥屋，从表面上去看，虽然只是围着桥打转的一些俗事，往深处想，却是一个村庄的公共意识，以及村庄民间性情与精神的构建。它既是原生的、质朴的，又是常态的、自然而然的。像泓源上社共置的桥山，便是泓源潭村人原始本能的性情体现。

桥山这个词汇，在汉语中是专指地名的（譬如：司马迁在《史记》中就有“黄帝崩，葬桥山”的载记；又如：河北省涿鹿县的桥山，以山顶有天然形成的拱形石桥而得名）。而在婺源，却特指个人或合众出资购买蓄木搭桥抑或养木修桥的山地。在村庄的遥远年月，村庄的桥山便是禁山："立加禁桥山帖，□□处等原置桥山，盖为津梁永赖，是以向行严禁，近见借采薪之名，而并其树木残毁弗顾，立睹山林濯濯，禁令废弛，若不严饬于先，何以遏止于后，自今特行加禁之条，毋得入山林取柴薪，庶山林之木常美，而梁桥之济不可胜用矣。如有仍前不遵者，通众公议罚银若干，入桥会内公用，决不徇情，特帖通知。"(《加禁帖》)相对于桥山，桥会与桥屋同样是婺源民间生发的词汇，像村民的言行举止一样朴实，桥会是类似于建桥修桥的民间组织，桥会中设有桥户，隶属桥户的佃仆称为桥仆，由桥仆负责木桥的搭建和桥山的管护。而桥屋呢，则是放置建桥修桥材料的仓库了。在下溪头，还有一个以"桥木林"命名的山谷，这片林地生长的木材，原先都是供下溪头村、岭背村修建木桥所用。除了修建木桥之外，任何人不得以任何理由进入桥木林砍伐树木。这是婺源村庄最早的桥山吗？山不语，也没人能给出答案。在婺源，每一座村庄木桥附近的山峦上，都有一片桥山的绿荫。

三

"山溪之险，赖舟以济，往来之便，莫尚于桥，住居之所，向有桥梁以通济，尤利行人之便易，因被洪水之兴冲裂，出入为艰，秋节将临，波澜不惊，于是佥议于□□日起竖，预备修颓，悉照前例，毋得推诿，特帖通知。"

这是一份在婺源村庄常见的《搭桥帖》，简洁、明了。帖子是用毛笔书写在红纸上的，村庄巷口与桥屋的墙面都是固定张贴的地方。一如斑驳的墙体，即便帖子年复一年地重复张贴，还是经不住时光的侵蚀，朗秀、朴拙的字体也淡去了踪迹。时光像水一样漫过，村庄搭桥依然沿袭古代的方式，搭桥人却不再是桥仆，而是自愿参加的村民。在思口镇赵村，七十多岁的赵大爷有着多年搭桥经验，说起搭桥如数家珍：木桥是由桥脚、桁枋、桥板巧妙组成的。桥板一般由五至六根刨平的杉木并排拼成，杉木与杉木之间有木楔连接，桥脚有用杉树的，也有用枞树的。桥脚和桁枋起木桥的支撑稳固作用，桥板就是桥面，篾缆或铁链是将一板板的桥板串联起来。篾缆、铁链的一头是固定在桥头的石桩上的，遇上大水倒桥，桥板、桥脚随着固定石桩的岸边而漂，却不会漂散。赵大爷点了根香烟，接着说：搭桥的时候，是从两岸起搭的，桥头有石板条嵌接挤压着，桥脚呈八字形植在河床上，以桁枋固定，架上桥板，一板接一板，直到合拢。早年，搭桥还有讲究，搭桥前要摆香案，用三牲（鸡、鱼、猪）祭河神……聊得起劲，赵大爷还即兴“嘿哩佐呀、嘿呀佐呀”地哼起了搭桥号子。一起坐在巷口的还有几位老人，先前问起搭木桥的事，他们没好意思说。随着赵大爷“嘿哩佐呀”地哼起，他们也“嘿呀佐呀”地和了起来。在婺源的搭桥号子《用力拖》（拖料）中，除一领众和的“嘿哩佐呀”、“嘿呀佐呀”之外，领句、和句不仅短促，且只有领句“用力拖呀”、“好得多呀”、“撬棍子呀”、“蜈蚣脚呀”、“路就行呀”、“拖到堂呀”、“做料王呀”在变化,和句“嘿哩佐呀”是不变的。而搭桥号子《尽膀用力》(架桥板)声部呈重叠状态,简洁、规整、粗粝、有力——

(领)佐,佐嘞!(众)嘿佐!(领)佐,佐嘞!(众)嘿佐!

(领)佐,佐嘞!(众)嘿佐!(领)佐,佐嘞!(众)嘿佐!

(领)尽膀用力喏,佐嘞!(领)佐,佐嘞!(众)嘿佐!

(领)前边抛起来喏,佐嘞!(领)佐,佐嘞!(众)嘿佐!

……

沉醉,是一种深深的迷恋。对于赵大爷,他是沉醉在过往,而我,是沉浸在他的沉醉中。搭桥号子,俨然赵村平静河面漾起的水波。我的家乡车田距赵村有三十多里地,在古坦水的下游,三面临河。我不可能知道,车田村的肇基始祖延寿公在唐代横木为桥过轮溪时,心中泛起的是怎样的涟漪?然而,轮溪宽阔的河面,曾经年无数次地唱和过搭桥号子。车田村早年去车田段、江思坑,走的都是木桥。像琢林前桥、茶源桥、洪江桥,都是依附地名的,它没有自己的名字。在我的记忆里,村里人对河流与对土地一样膜拜。每年的桃花汛后,村里人重新搭建被洪水冲毁的木桥时,先要祭河神,像在冥冥中祈求一种佑护。在河面上搭桥，还要依附竹排、木船作业，岸上搭桥的工具有斧头、锯、墨斗、铁凿、木锤、钢钎。搭桥师傅把割去树皮的圆木往马叉上一放，呼呼几下，就把圆木两头锯成了平头。从树蔸开始，山羊角的墨斗钻一钻，墨斗就在手里沿着树身吱吱呀呀地吐出了墨线，拇指与食指夹住墨线一弹，树身立即留下了笔直的线痕。瞄准线痕，一斧一斧地砍在圆木上，再斜斜地一劈一溜，圆木就有了一个平平的面，而地上就有了一片片的碎木屑，破碎、隐忍……搭建一座木桥，一如唱和搭桥号子，是集体协作的结果。镶桥面的镶桥面，做桥脚的做桥脚，搭建的搭建，调整的调整，师傅们自发地一个个分工有序，有条不紊。记得二十世纪八十年代初，家乡开始落实林业政策，实行林业“三定”，即稳定山林权属，划定社员自留山，确定林业生产责任制。那时，社员自用木材，必须先提出申请，经大队、公社批准发放“砍伐证”后，才能上山按量砍伐，而搭桥选用的木头，村里可以根据需要自行决定。其实，村里搭木桥用多少根木头根本不重要，重要的是村庄公共意识的传承。从一根根木头，从一座座木桥的搭建，村里人看到了村庄精神朴实的根。

当木桥跨越村庄两岸，桥的参照物是山是水，桥无疑只是山水的点缀。从木桥的两头，到桥的中间，有一条微微拱起的弧线，简朴、大方，一节一节的，具有尺度感。这样的木桥，搭在河流之上，是具象的、实用的，且逸着灵动的诗境，宛如新安画派中虚空的点染与写意。

四

时光流转，村庄嬗变。

便捷的交通与通讯，给乡村人的耕作方式、生活习惯都带来了前所未有的变革。有人惊叹，也有人不解。一个个村庄对木桥的留存，成了一个未知数。

“新安属里有永川，东南去郡城二百里，西去邑城五十里。其龙干发脉，由石耳之峰磊落腾骧几数百里，越五龙之巅，复逶蛇迤袤而钟为永川。双溪环合，群峰互峙，平垲平夷，可宅数千家。吾友昇之俞君者卜居之……曰澄潭者，渚流之所汇也，即皎而澄，波面文章远注西江而舟楫通焉；曰双溪者，川之上游，东北河会烟嵝之下，亦曰渡头……”北宋名臣权邦彦在《永川形胜记》记述的永川，就是江湾汪口。段莘水、江湾水分别由北由东流入，汇合于汪口村东为永川河。双溪合流，一汪水口，就有了汪口的村名。事实上，汪口在遥远的年代，一汪水口的景象只是村里人对着村前溪流的愿景。据村里一位姓俞的老人介绍，汪口在段莘、江湾两路水的汇合处，平时溪流的流速就比较快，遇上梅雨季节水流更是湍急，行船过渡都很困难。后来，汪口人根据清代江湾学者江永的设计，建造了“曲尺堨”（平渡堰），才减缓了水势，才有了“龙船潭”。曲尺堨南北长有一百二十米，宽约十五米。堨的南端靠岸，北端堨头向上折成曲尺形，离岸空出了有六米宽的舟船通道。曲尺堨在不设闸门的情况下，同时解决了蓄水、通舟、缓水势的矛盾。而这样的曲尺堨，是否能够在中国水利建设史上称得上杰作呢？在明清时期，汪口既是“草鞋码头”（货运码头），又是商旅来往于县城至东北乡和休宁、歙县的交通要道。永川河上，来往穿梭的除了本地的小驳子船、余干的“鸭尾子船”、鄱阳的“大鸭鸯”，还有广丰的“雕子船”和乐平的“东港船”。东关桥、西关桥，是汪口永川河上的两座木桥名（分别为二十一板、十九板）。从船上到码头，再到木桥，络绎不绝的是过往商旅、船夫，以及“挑休宁担的”（挑夫）。东关桥，处在河东渡，从俞氏宗祠前起步，而西关桥呢，是处于西坑渡，通向村对面的朝山，它们在永川河上的平行身影，在一九九五年、一九九六年都被水泥桥替代了。村中的老支书程银富说，木桥没了，桥山还在。东关桥、西关桥，如同一段美好的往事，存放在汪口的记忆之中。

“散落在中国民间的一个个古朴村落，以其风格独具的建筑、礼仪、村社组织结构、人文气息，闪烁着传统文化的智慧光芒，从不同的角度和不同的层次，全方位立体地展示着这些古朴村庄的历史、文化、宗教、民俗及自然景观，传达着具有丰富智慧的东方文化神韵。然而，随着现代化程度的不断提高，城市化生活不断影响着人们的生活，致使这些具有民族特色的村落正处于损毁、灭绝的边缘。”这是凤凰卫视《寻找远去的家园》摄制组开展“绿色行动”的初衷。新世纪伊始，凤凰卫视主持人杜宪与《寻找远去的家园》摄制组辗转走进了婺源。当他们驱车前往思口镇去拍摄采访时，在赵村遇上了村民搭木桥，便激动地上前采访。让人意想不到的是，杜宪刚问了正在搭桥的村民两三句话，搭到一半的桥便坍塌了，她与被采访的村民一同落入了水中……这样的意外，并没有中断他们的采访。节目播出时，杜宪与村民赵增寿等人便有了一段关于木桥的对话。然而，摄制组在思口赵村拍摄的木桥，只能从十多年前的专题片中找到影像了。

赵村两岸的樟树还是原来的樟树，竹林还是原来的竹林，而河上的木桥却变成水泥桥了。赵村还是原来的赵村吗？

五

山色有了秋意，微波里开始荡漾红枫的树影。

秋日，在中云瑶下村见到查茂盛时，他刚从县城做装潢回来。老查十七岁开始学木匠手艺，在中云方村当了二十多年的搭桥师傅。说到搭桥，他就像打开了话匣子：搭桥的人是有区别的，会手艺的称师傅，不会的叫“粗工”，计工的方式也有不同，有包工的，也有点工的。无论师傅还是粗工，一天吃四餐（三餐加点心），伙食都是一样的，除了早上，正餐、点心都有酒，几杯白烧（白酒）下肚，大家做事都有劲，喝到兴头上了，有赌力气抱桥脚的，有赌驮桥板的，还有赌憋气潜水的，热闹得很。村里的“小把戏”（小孩）更凑热闹，前呼后拥，追着、跑着，上蹿下跳，呼啦啦的一大串。方村木桥只有十二板，五六个人搭桥，一天就能完成。有的年份，出梅水过后搭一次就够了，有的年份雨水多，搭两三次也是有的。我没有机会看到老查搭桥，但从话中听得出他是一位好的搭桥师傅。从瑶下到方村有十里左右的路程，沿路山上尽是茂密的杂树混交林，树的冠幅大，林相相当的好。"江湾祠堂汪口堨，方村牌楼太白塔。"明代嘉靖年间，方村进士、福建布政司右参政方帮庆在方村范坑兴建的牌楼，成为了婺源古代的四大名建筑之一，但如今只剩下遗址了，而年年搭建的木桥依然横跨在方村河上。

东走西在，离不开清华思口。思口漳村，是古时连接清华至蚺城两个古镇的通衢要道。绵延的山峦有十八尖，经年与一条清幽的河流相拥相偎，忘了春秋。船形的漳村，看着缠绵的山水情事，在此搁浅了千年。当我的脚步随"万松亭"而下，漫步走进漳村时，仿佛步入了一个久远的年代。村口"敦伦堂"的大门已失去了踪影，风烛残年的祠堂，却依然衔接着村中王姓宗族的记忆。与之相邻的"思训祠"只是从废墟中清理出的遗址，但面对矗立的门坊、裸露的石雕，我不知道这是对漳村历史的一种吞噬，还是一种朗照！同行的朱德馨老师告诉我，漳村北渡口的木桥，当地人称大河桥，需二十三板桥板搭建而成。记得清代漳村人王友亮的《漳溪晚步》是吟诵漳溪寻找木板桥的——"南岸十亩竹，北岭千株松。碧溪贯中央，写此松竹容。幽人喜清景，逍遥曳孤筇。远寻板桥去，著脚声跫跫"。他在漳溪远寻的木板桥，是否是我要去寻找的大河桥呢？

去北渡口的路上，我看到了俨如桥头堡的桥屋。桥屋裸砖鳞瓦，栅栏当门，地上躺着桥板，堆着桥链，墙边还倚着用来镶桥板做桥脚的圆木，松散而有序。桥屋是村里的公共建筑，它的功用是汛期放置桥板、桥脚及平时更换的材料。桥屋虽小，却在南方村庄很难看见了。婺源江湾人，清代著名经学家、音韵学家江永，三百多年前有桥屋的记述："北门桥，程亨嘉建。互见后渡。邑人胡仲迪买东溪地，构屋贮桥板。"（民国版《婺源县志》）顺桥屋而下，漳村渡口宛如画境：河流之上，葱郁的山峦与古朴的村落相映，一架木板桥连接两岸。木桥的倒影里，有一头耕牛，在耕牛的后面，还有一位戴着斗笠放牛的老农。岸边有古树、洲滩与草地，水埠头泊着竹筏，河面上还有水鸟嬉戏。水鸟悠闲，对过往的行人仿佛浑然无觉。这样的景象，正好应合了王友亮的诗句："隔坞人家叫午鸡，幽深不让武陵溪。白沙翠羽一双浴，红树画眉无数啼。"（《婺源道中》）近水埠的路边，还竖着一块乾隆年立的禁碑，碑文的内容包括村庄山林的禁伐、河流的养生。漳村的对岸，连接大河桥的是蜿蜒的枧田岭。枧田岭是民国二十七年（1938）漳村人王礼和用做七十大寿的钱修筑的。王礼和不仅在漳村和前坦村开设有"吉和隆"茶厂，还在县城开办"和兴祥"杂货店，称得上一个有名望的生意人。他收了亲朋好友的寿礼没有摆宴席，只在景德镇定制了一批寿碗回赠答谢，一心一意修筑枧田岭。枧田岭建成后一径通往王村，省略了走岚山、花坞的弯路。在漳村的王氏家族史上，还有一位热衷公益事业的典范人物——王启仁。据乾隆丙戌《婺源县志·人物·孝友》记载："王启仁（1650—1708），幼读书，长长代父业商，操赢余以奉甘旨。"他主要经营木业，经营地点是在毗陵（今江苏常州）一带，生意做得风生水起。"婺尝两遭岁歉，民日握钱之市，无所得粟，嗷嗷汹沸，坐以待毙，会公运和州粟百艘至，减价粜，贫不能粜者辄给赈之，旬月间，远近趋集，无不各厌所求去，得活数万人……至于足迹所经桥梁道路圮坏则修之，坎险则积累沙石荡平之，相距数里为之亭，亭必有茶……"（李应乾《鄣峰公传》）王启仁一生到底做过多少桥梁路亭呢？相传从婺源至常州的路上，他捐建的路亭就有七十多座，捐建的桥梁更是不胜枚举。三百多年过去了，如今依然能够在婺源的浙岭看到王启仁一家修建的"同春亭"、"继志亭"的遗迹。王启仁、王士镜、王文德、王廷享祖孙四代，一个接着一个接力，他们热衷公益的事迹，不知道给多少后人带来飞思遐想，还有惊异的表情。

事实上，漳村的木桥也搁浅过。在几年前，漳村的木桥被洪水冲毁了，村里苦于搭桥的费用太高，河上搭桥的地方就空了。村民过河，只得撑竹排，既不方便也不安全。正当村民望着空荡的河流一筹莫展的时候，村里还是勒紧裤带，把木桥搭了起来。木桥年年搭年年冲，成了村里人的一个心病。前几年，移居漳村的程老板得知情况后，捐助了村里的搭桥费用。婺源其他的村庄也一样，以河流为背景的木桥，都面临着同样的境遇。水面上倒映着的光影，飘忽、散射，看久了，我眼前一片恍惚，不知道漳村木桥上空那轮光影，是源自晨曦还是夕阳?

“鸡声茅店月，人迹板桥霜。”唐代著名诗人温庭筠在《商山早行》中,为后人勾画了一幅精彩的早行图。旅途早行的景色，让诗人想起的是什么？想起的还是昨夜在梦中出现的故乡景色，如影随形。尽管温庭筠所处的唐代相去甚远，但人对景色的认知与感受是大致相同的，他在路上，我也在路上，我们一辈子的时光都在路上。在每一个人的梦中,有谁没有一座这样的板桥，又有谁不藏着故乡的景色呢!

殊途同归

——写在桥上的村史

一

宽阔、舒展、流畅、清澈，构成了永川河的关键词。这样的河，是能让人刹那间记住的。只有这样的河，才能与汪口古埠形成对应。

在一千一百多年前，家住永川河上游的晓鳙人曹仲泽，沿着河岸顺流而下，步行几十里，第一次到达这里时，汪口还是一片荒无人烟的地方。汪口“背负龙脉镇山为屏，左右砂山秀色可餐，前置朝案呼应相随，正面临水环抱多情，南向而立富贵大吉”（《汪口村志》）。原生，纯净，宁静，以及山川河流的形胜，宛如一种对应中的期待，包围了整个身心，让他有了异样的举动。曹仲泽冥冥之中在这里找到了精神的寄托，他为自己的先人选了一块长眠之地。于是，晓鳙与汪口的山间小径开始联结起来，就有了曹家人的走动。倘若没有曹仲泽，没有永川河边那条水坑，就没有了婺源现存最早的石拱桥。汪口的土地，系着晓鳙曹家一脉，曹氏家谱上的墨晕从这里洇漫开来。“唐龙纪元年（889），曹仲泽为方便家人扫墓，专造此桥。”（《婺源县志》）石拱桥建成后，也没起名字，桥是曹仲泽建的，曹家的后人就称“曹公桥”。曹公桥叫起来有些江湖霸气，其实，这样的叫法并不新奇，古时许多公共建筑起名字，就以人的姓氏或名字称谓了。曹仲泽能为方便家人扫墓，不惧工本，专门建造石桥，不难想象曹家家境的富庶程度了。他建桥的初衷，是希望曹氏家族忠孝之风世代传承。在晓鏞，曹家是一个大家族，附近的栗木坑、篁岭等村，居住的都是曹姓人家。没有人去记述一个人的谢幕与消隐，没有人去记述清明节曹氏家族从曹公桥去祖坟扫墓的规模，更没有人去记述坟前祭奠的香火，但血浓于水，有人从中继承了家族的和睦与崇祖尚祖的传统，以及传统乡村社会一如桥基的稳定。不正是因为有了崇祖拜宗的传统，我们文明的香火才会绵延不绝吗？

在遥远的年月，在永川河边，曹公桥是历史的、写实的，更是实用的。如果状物写形，曹公桥只有一拱，横跨水坑之上，像一个卧倒了的括号，自然、妥帖。水坑的水从西向东流，注入环村而淌的永川河，曹公桥处在汪口下街口，平行于环河而立的向山。从桥基桥台的设置可见，当年建桥时水坑的水流量并不小，沿着地势且有奔泻之势。曹公桥的前方，便是西坑渡。在西坑渡的边上，还有一块嘉庆年间立的“养生桥渡田碑”。碑是二百多年前刻的，青石上的碑文有些字和句都已残缺，但依稀还能读出“西坑桥渡往来……俞清达、俞肇元、俞景祥……大坞三亩段，右田捌号业义生桥……嘉庆三年岁次戊午仲春月立”等字迹。碑文的大意是：村中俞清达等人捐出大坞等地水田若干亩给桥会管理，所有的田租收入全部用于西坑桥渡（西关桥）的费用。他们这样的一份公益心，有着自己的道德与信念，是构成乡村传统与和谐发展的基础。现在去汪口看到的曹公桥，桥身是曹仲泽的后人曹珏、曹俊、曹鸣远等“以承祖志”，或捐资，抑或是动员族人多次修复的，桥身被青苔覆盖着，石缝里长满了石韦、荆棘、茅草，还有爬山虎。曹公桥宽约两米，长约四米，桥面只有两张乒乓球桌拼起来那么大，石栏杆是新修的，桥身青石上刻的桥名，从字体、刻痕看，都显然是后人修桥时加上去的。曹仲泽能识汪口一方风水，有识之士当然也不会错过。曹公桥建成一百一十年后，随着朝议大夫俞杲的入迁，曹公桥附近先后有了水碓，有了西风亭，也就有了村庄的气息。

曹仲泽绝对不会想到，他为祖先选择的长眠之地——汪口，后来竟成了徽州两大水埠码头之一（另一处为歙县渔梁码头），十八条巷道连着十八个河埠，从这里开始，徽商可以通往饶州、九江，甚至荆楚。裕丰、悦来、宏大、兆记、德通、益泰、同茂、立和等商行店铺，以及裕馥隆、怡生蔚、发芬源、裕盛悦、裕泰祥等八十多家茶号，沿着水路、陆路，还有木桥、拱桥上的路线，人，或是货物，都从四面八方朝这里奔来，集结在汪口街上，给明清时期的汪口罩上了一层层繁荣的光泽。汪口，成了一方富庶的“千烟”之地。曹公桥依然有络绎不绝的人在行走，而曹家的祖坟已风化成了黄土，在土地中消融了。曾经的坟地上，百草葳蕤，杂木丛生，一片葱郁。

二

那些桥的身影倒映在水面上，漂移、弯曲、易碎，从成形到消失，只是一瞬间的事情，但只要水面平静了，复原得也快。水面上的桥影，仿佛陷于一种荒诞的流浪，每天都在水面上消失，抑或重生。这些，只是一种假象，水在流淌，而桥不会随波逐流。

与一条清溪相随而生的李坑村，呈Y字形，小桥、流水、人家。沿溪白墙黛瓦的房屋，俨如一组放大了的老照片，从中还能看到“婺东第一村”的影子。或木、或砖、或石的桥，匀称地分布在清溪之上，连通了两岸临溪的街巷，直抵村庄历史的纵深。北宋大中祥符三年（1010），唐朝宗室、曾任从五品朝散大夫、殿中御史的隐士李洞（字文瀚），始迁李坑建村。李姓远祖在帝尧为部落首领时曾任大理（管刑罚的官员），故以职位为姓而成“理”，至于李姓，应是衍变而来的吧。“占得从田之签，以严治家。”李洞建村时数典不忘祖，就取村名为“理田”。婺源人的口语习惯，称溪为坑，人们渐渐就以李姓居住在小溪两岸为习惯叫法，理田改称李坑，那都是后来的事了。于是，李坑就成了婺源李姓聚居的村落。

李坑村口的溪上，原先有一座木桥，但每年都经不住洪水冲毁。建村九年后，村中一位叫李侃的读书人中了进士，并官至中书舍人，封尚书左丞。他衣锦还乡的时候，看到村口的状况，看到过往行人的不便，就出资建造了一座砖拱桥。读书入仕的李侃，有了积蓄没有购田建屋置业，而是造桥便利于民，村里人感念他的恩德，就有了“中书桥”的名字。李侃建桥，无法用积蓄比例去计算，但他建桥带来的荣光，是购田建屋置业可比的吗？“学而优则仕”，进士及第是古代读书人的终极目标。中书桥的名字，在村人感恩的同时，又激励了李坑多少后人呢？此后，李坑村出了十九位进士，并留有著作二十九部。近千年过去了，青砖券砌的中书桥在时光的剥蚀下，依然横跨于李坑村口的清溪之上。中书桥单拱，桥长约四米，宽二点五米左右，高有三米。许是出于对桥的爱护，后人在桥上建了桥亭。木柱、木椽、鳞瓦的桥亭，与古桥、清溪、水田、古樟、山峦、牌楼、文昌阁一起，组成了李坑村口的景象。这些，桥亭亭柱上的楹联都进行了观照：“岸樟堤柳虹桥外，山光水色画图中”；“亮节千秋垂竹帛，清流终古挂长虹”；“不嫌慢步观山景，何妨小坐听溪声”。中书桥，应是婺源留存的历史最为久远的砖拱桥了吧。走在中书桥上，伫立于桥亭，有谁还会觉得桥是可以用物质量化的呢？

像一朵层层包裹的花蕾，剥开花瓣才能看见花芯。在李坑这样的村庄，只要你有足够的时间与耐心去走访与观察，就会发现村庄的规划布局中藏有鲜为人知的故事。李坑的村口能够拥有如此景象，沿着青石板的小路往里走，就有一座石拱的彩虹桥可以与中书桥相媲美，并与之形成“双桥叠锁”。与中书桥迥异的是，这座桥不是专供行人走的，而是一座地道的风水桥。

如果说，天人合一、人与自然的和谐是风水学的核心思想，那么，李坑人李景溪在有局限性的村庄里，用建桥筑堨的方式弥补了村庄的不足。李景溪生于元末，赋性灵异，精通阳宅、星相、历法诸法，著有《阳宅秘诀》、《雷庭心法》等专著，是著名的堪舆大师。古话说，天有门，地有户。李景溪认为，水口，是一个村庄的门户，水口紧，则村安财旺。李坑村的缺陷是“地户”（水流出的地方）不济，需要通过建桥筑堨来拦财锁气。在我看来，李坑村的地势是东高西低，水自东向西流，李景溪所谓地户不济，需要建桥筑堨拦财锁气，实际上是利用筑堨聚水蓄水，便利于村民耕种生活，而建彩虹桥与中书桥形成“双桥叠锁”，只不过是充分利用了水口有限的空间。倘若人们懂得通过顺应自然规律，优化自然环境来改善提高人生和社会，是风水的基本理念，就不会有人对风水产生误会了吧。

李坑人对建桥是情有独钟的，全村所有的木桥、砖桥、石桥连接起来，可能都抵得上村庄溪流的长度了。通济桥青石券砌，处于村中两条溪流汇合的地方。如果把“⊥”字符放倒，正好嵌合了它在村中的位置。通济桥虽然只有两百多年的历史，但所呈现的意象却是民间的智慧：从村庄南边流来的溪水被称为“公龙”，而东边流来的溪水则被称为“母龙”，双龙汇聚，就有了双龙戏珠之意。龙有了，那珠子在哪儿呢？拱桥半圆，倒影半圆，桥与桥影合在一起，就成了双龙戏珠的“珠”了。通济桥桥边的申明亭，是李坑村聚众评议事理排解纠纷的地方。按照李坑村的风俗，村里有村民犯了错做了不得体的事，可以把他（她）的劣行公告张贴于亭内，让大家评议，还有村民辞世后，在亭前宣读祭文，评价逝者的功过一生，让即将远行的灵魂得到安息。申明亭四角重檐，不仅气势比通济桥好，年岁也比它古老得多。亭匾上申明亭的“明”字，写法颇有意味，左边的“日”字写成了“目”字，明眼人细看，不难猜出书者的用意——“理入众人眼，公断要公正”。书者挥毫，酣墨浓情尽在一笔之中。从通济桥到申明亭只有几步之遥，所集结与表达的都是村庄的文化背景。

在婺源，李坑算得上是个热闹的景区了。以发展旅游的名义，李坑得到了许多，亦失去了许多。喧嚣替代了宁静，厅堂变成了门店，桥上，岸边，深巷，都是摩肩接踵涌动的人潮。村庄与桥都是隐忍的，它们都没有埋怨，水会埋怨吗？以后的事，谁也说不清楚。我去过多少次李坑，已经记不清楚了。有骑车去的，有坐车去的，也有从婺源县城开始，走东岭坞、十里铺、金盘，过鹤溪桥、张岗岭，徒步去的。然而，每一次去，都不是上一次的重复。我去李坑，尽量避开摩肩接踵的游人，或小雨天，或小雪天，感觉特别的好。一个人，静静地徜徉村中，移步换景，去接近桥的迷宫。是守候，还是期待？也许两者兼而有之吧。听村里的老人说，李坑有名气的公共设施有“五桥、五碓、五堨”和“七星八斗”。列首位的“五桥”便是中书桥、通济桥、永新桥、彩虹桥、塔山桥，至于“五碓”、“五堨”和“七星八斗”，有的像一枚无人辨识的书签，有的像一个历史符号，已经遗落或散佚在远去的时光之中。在武状元李知诚的故居前，在五品官员、奉直大夫李文进的官邸前，在木商李瑞材的故居前，在李有诚从事铜绿（碱式碳酸铜）的“铜绿坊”前……一座座的桥，都有各自的身世，都有各自的故事。二三十座桥，有名字的，没名字的，都让我浮想联翩，流连忘返。这个时候，水上的桥，桥下的水，甚至两岸民居斑驳的墙体，都可以让我的心安静下来。挨近桥边人家的大门上，一副对联让我有了无穷的回味：“青山不墨千秋画，绿水无弦万古琴。”

三

庆源，一个船形的村落，用一棵千年的银杏作桅杆，还是没有犁开双龙挟锁的峰隘。穿村而过的桃溪，只是桥下经年流淌的水响，在庆源的深处，松风林涛才是四季的涛声。一千两百多年前（763年），一个姓詹名盛的男子从庐源走进了青山环抱的庆源，他忘情于山水，成了庆源村的始祖。“府君讳盛，字宗昌，行小八，唐玄宗开元十年甲子十一月二十日戌时生，人品清高，不慕仕进，身长七尺，魁梧重厚，动止必以礼法自持，未尝谑言妄语。性好读书，陪宾之暇，手不释卷。间有余暇，放情山水，寻幽纪胜，乐而忘归。一日，登高望远，至于庆源，见其宅幽势阻，外隘中宽，不减太行之盘谷、武陵之桃源，乃慨然曰：真隐者之所居也。于是，舍庐故址，于唐广德年间遂谋卜筑而徙居之，因号其地曰小桃源。厥后子孙日以蕃衍，基业富饶，遂世居之。”对詹盛其人，以及他在庆源的开基，《庆源詹氏宗谱》留下了这样的记述。

段莘高山平湖山岔口的古驿道，仿佛一个秘密的通道，蜿蜒进入藏匿在峰峦之中的庆源。相传，当年有一支使清政府军队望风披靡的太平军部队，前锋进入庆源村头隘口，看到山闭涧断，疑为山谷尽头，便原路返回去另寻新径了……“车马绝喧阗忆前人三径怡情托迹不殊陶靖节，鸡犬声相闻惟此地四民安堵落花犹似武陵源”的联文，原是题刻在庆源村口“别有天”古亭两侧的，却在世态沉浮中湮没了。如今题写亭内的“空山隐卧好烟霞，水不通舟陆不车，一任中原戎马乱，桃源深处是吾家”也是古人的诗句，却无从知晓作者是谁，只能从中读出一代代庆源人对世外桃源生活的向往，一代代庆源人信守桃源生活的情结。五龙山余脉的包容，让庆源形成了一个高山环抱的盆地。进入庆源，桃溪穿村而过。倘若不去深究，谁会想到这是一条人工河呢？村庄建设讲究风水择地，择山选水。很早以前，桃溪的河道是在西边山脚的，庆源村是个船形的村落，水从“船”边过，就意味着“船”已在河岸上搁浅了。搁浅了的村庄，还能有多大的发展？破解搁浅的办法就是人工改道，让河道从村中“破肚”而过，这样，溪水始终从“船底”流过，村庄就不会搁浅了。即便有再大的水，也只会让船行得更远。

事关人丁兴旺村庄发展的大事，村里人谁敢怠慢呢？这，无疑是对村庄布局的一次重新洗牌，庆源人做到了。而那棵作桅杆的银杏，也就是当时种下的。耸立在溪边的银杏为雌株，雄株却在十里之外的西安村，有风授粉，每年都是果实累累。有了这样的桅杆，船形的庆源能不扬帆远航兴旺发达吗？桃溪上，建有石堨七处，二十七座石桥木桥将两岸连为一体。千米长的青石板街上，十座凉亭点缀其间，两岸溪埠斜相对应，粼粼水光，荡起了江南水乡的神韵。

桃溪在庆源的出口，即是村庄的“水口”。这里遗存着四座建于明、清时期的石拱桥。福庆桥（村里人叫“上庙”）是一座廊桥，由庆源村人詹仁偕弟詹义、詹礼、詹柔、詹正同建。村里的老人说，原本桥上有双层廊亭，早年就倒塌了。在福庆桥与福济桥（庆源村人詹汝烈建）之间，有一座嘉会桥（村里人叫“下庙”，由庆源村的好义者共建），桥上原架有双层廊亭，廊亭四个门洞的门头上分别有“半空浮壁”、“翠映银屏”、“空谷传声”、“祥云出岫”的题额。桥亭的亭门还题有门联：“描来新月半弓，封成石磴；添得闲云一片，锁住花村”。“翠园深处淡烟浓，古木森森一径通。流水小桥花细落，有人笑指武陵中。”这首古人题于廊桥内的诗，连同亭联、题额一起，都随着廊桥在“文革”中的一场大火消失了……这两座石拱桥上的双层廊亭，连同村庄曾经的荣耀，都永远留在了庆源村人的记忆深处。题额、亭联、桥诗所描述的是一方绝美的风景，我秋日去寻访的时候，多少感觉到有些荒凉，杂草与藤蔓长满了拱桥的桥身，芜杂而冷清。临近水口的尽头，便是穿鱼桥了，隆隆的水声里藏着一个神秘的传说。相传，庆源村水口风水极佳，溪中青石突兀奇异，被当地人称为朝笏石柱，预示詹姓氏族要出二十六个京官，发迹的墓地为“上水鱼”，而发迹的迹象就落在了明代大将军詹天表身上。詹姓氏族的发迹与光宗耀祖，引发了同村异姓人的嫉妒。于是，从外地请来一位风水先生，想破坏詹姓氏族的风水。风水先生是个见钱眼开的主，他拿人钱财替人卖命，损招迭出。种树建桥是堂皇的理由，做的却是下三滥的事。栽下两棵枞树作钓竿，用以把对岸的鲤鱼（“上水鱼”墓地）钓起来，不仅如此，还在水口建造一座穿鱼桥穿过鱼鳃。这样，鲤鱼还能跳龙门吗？詹氏家族面对风水先生如此险恶的用心，竭力作出了应变之策：立即将“上水鱼”墓地前方一个称为“鱼饵”的土石墩铲平，没有鱼饵的钓竿只能是空竿，当然什么也钓不着了。穿鱼桥合龙的时候，詹天表正在长江上押运砚台，江洋大盗见船上箱子沉重，以为装满了金银珠宝，顿起杀人越货之心。最后，詹天表寡不敌众，命丧长江。詹天表在长江的死，是否与穿鱼桥有关联呢？詹天表到死不会明白，村里人也想不明白。穿鱼桥是具象的，民间的传说却赋予了它太多的意象，放大后，还加以神化。穿鱼桥、墓地、枞树、土石墩，以及石柱，都成了一个神秘传说的景物，每一个到过庆源的人，都不得不叹服民间丰富的想象力吧？撇开建穿鱼桥的功用，传说中的穿鱼桥是否还有意义呢？口耳相传，传说无休无止，而穿鱼桥上的廊亭却已经破败得一塌糊涂，摇摇欲坠，已沦为牛栏和堆放杂物的地方，称作钓竿的两棵枞树呢，一棵已遭雷击，一棵也在更迭不息的岁月中进入了一种苍老。

庆源，在建村的一千两百多年里，走出了明代翰林大学士詹养纯、武将詹天表、清代进士詹轸光，以及有谱可查的抚台、知府上十人。民国时期，村里还走出了两位驰名中外的富商巨贾：詹福熙在上海垄断照相器材市场，成为沪上大亨；詹励吾在中缅公路开凿之际，垄断了生活、建材物资的供应，他为向母亲尽孝道，耗巨资在村里建造了中西合璧的“百寿馆”——敬慎堂……他们都是从庆源的桥上走出家门的，桃溪的水将他们引向了远途，他们一个个都将桃源般的故乡打成包袱，背在了身上。

四

琅琅的书声随着植物的气息铺展，如水般回荡在槃水河的臂弯里，考水村便神秘地出现在了山峦绵延的深处。历史的烟云飘忽、虚幻，再长的镜头也无法呈现一千一百多年的历史，而从维新桥、迎恩桥上走出的读书人，还有明经书院传出的诵读声，却成了考水村文化记忆的珍藏。

婺源的村落水口，古时候都被人们看成关系到村庄人丁财富兴衰、聚散的场地，讲究“天门地户”，村门“天门”（来水方向）要打得开，村口“地户”（去水方向）要闭得紧。考水村水口有“龟蛇把谷口”的说法，就是村庄有龟山蛇山对峙，自然而然地成为了村落的咽喉。考水村为了扼住关口，增加锁钥的气势，除了在左右对峙的龟山蛇山种植树木，在溪流上还要建桥造阁，使水口关锁严密，藏风聚气。

“桥亭典雅疑别墅，寮阁峥嵘掩村扉”；“群山脉脉拱村廊，秀水源源汇考川”。维新桥就是以这样的景象出现在考水村村口的。维新桥的始建年代已经不详，但重建的时间是大清康熙十七年（1678），两边满月形的桥门额上分别题有桥名。靠近山边的桥门墙上，镶嵌着一块“维新桥碑记”，碑文除刻有胡市清、胡景章等人的捐助银两数额外，还刻有“大清康熙戊午岁次桂月立”等字样。与碑记相对的桥亭墙面上，是考水村一九九三年重修桥亭立的告示：

“维新桥水口亭，历史悠久，多年失修，濒临倒塌。兹我桑梓仁人君子，热衷公益，为方便行旅客人、耕耘农友，憩息躲雨，纳凉避暑，以及保护风景、美化村庄，鼎力筹资募工，重修一新。今经众议拟定以下禁例，务望自爱，相互监督，共同遵守：

严禁用刀斧乱刮亭柱、坐凳，违者照价赔偿。

严禁用任何手段撬砖砸石，损坏墙垣和栏槛，违者照赔不贷。

严禁在亭内乱涂乱画，或用稀泥脏物乱塑，破坏环境清洁，影响美观。

严禁在亭内拴牛及其他牲畜，溺尿放屎，污染场所，妨碍公共卫生。

严禁在亭内堆放稻草、灰、粪、柴等物。

严禁在亭内烧灰和烧火堆取暖，以防走火失火。

严禁在亭内进行任何性质的赌博。”

我之所以将桥亭内的告示抄录下来，是想通过一则告示去看考水村的文明程度。一则告示是一种警醒。我的观望没有发现异常。考水村的前人建桥取“维新”之意，是期望村中的后人能够青出于蓝胜于蓝，一代更比一代强，以新的面貌光宗耀祖。考水村的后人无疑做到了。

迎恩桥的始建年代也无从考证了。相传，迎恩桥是迎接皇帝圣旨的地方，宫中派人前来传圣旨，村中的官员都要到此跪拜迎候。凭我的主观臆断，迎恩桥前皇恩浩荡，最初的桥身不仅有庄重之感，还会比现存的高耸、阔大、气派。与维新桥、迎恩桥连在一起的，是考水村人胡淀。至大三年（1310）的一天，胡淀为纪念始祖明经进士胡昌翼，创建明经书院的想法就是在维新桥决定的。他在维新桥上的决定，为考水村历史上的辉煌埋下了绝妙经典的伏笔。明经书院落成之后，四方慕名前来求学的学子络绎不绝。一时“四方学者云集”，“历数年，学者至盈千人”。历史上的明经书院占地有两千五百平方米，主要建筑有大成殿、会讲堂、书斋、塾堂等，不仅能供胡氏子弟读书，也可以满足附近学子求学。明经书院的创建者胡淀与胞弟胡澄，还分别捐田三百亩与六十亩，全部用于兴办义学。书院规定，家族子弟不论贫富，士人不论远近，都可以到明经书院读书求学，书院还提供膳食与住宿。至正十二年（1352），明经书院遭兵火焚毁。考水合族重建明经书院，已是二百三十二年后。根据民国庚申《婺源县志·科第》统计，自北宋熙宁至元代至正的二百多年间，考水村有十六人登进士第，著述于世者达二十人，成了名副其实的文人圣地。“考川富贵繁丽，吾无所羡；惟比屋书声，他处所无，为可敬羡耳。”（明代洪武二十年《明经胡氏宗谱·序》）从一代大儒朱熹留下了“明经学校，诗礼人家”的评价，以及康熙御题的“儒理至宗”、“文官下轿，武官下马”的金匾，人们可以读出明经书院在历史上的辉煌。壬辰年的冬日，当我伫立在明经书院的遗址之上，仍然被考水村民间办学治学的精神和绵延的学风所感动。我想，与之应运而生的石丘书院、文峰书院、藏书楼、文昌阁、文笔塔，都是对考水村厚重历史文化积淀最好的注解。

胡昌翼身为“明经胡氏”的始祖，却藏着传奇而凄惨的身世。天复四年（904），朱温叛变谋反，逼迫唐昭宗李晔迁都洛阳。在御驾东迁时，唐昭宗与何皇后秘密将幼子托付给了宫廷近侍郎胡三。胡三是婺源人，他不顾安危，历经磨难，把小皇子抱回婺源考水，并抚养成人，保住了皇家的一条血脉。胡三无儿无女，遂养皇子为嗣，君随臣姓，将皇子易李为胡，取名昌翼。

在那个唯有读书高的年代，争取功名是所有读书人的唯一目标。胡昌翼一心寒窗苦读，准备考取功名出人头地。工夫不负有心人，胡昌翼“高考”成绩优异，以《易经》中后唐明经科第二名进士。当胡昌翼从村口迎恩桥接过圣旨，回家准备起程赴任时，胡三急切地撬开住宅的墙砖，掏出藏了二十多年的龙衣御衫、珠宝、血书，哽咽着对他一五一十地讲出了实情。在那场叛乱中，昭宗、何皇后，连同九位皇子，相继被朱温的心腹蒋玄晖杀害……字字饱含血泪的血书，仿佛一瞬间把胡昌翼的心震碎了。对此，胡昌翼没有任何的心理准备，连过渡的机会都丝毫没有。这，不是一般人能够承受得了的。从太子到平民，从大喜到大悲，一个是天，一个是地，这样的落差实在太大了。如果没有二十年前那场朱温叛变谋反，他在金銮殿又会有怎样的人生，这是他连想都不敢想的。这些，只能增加他无法言说的隐痛。面对连命都不顾，带他逃难养他成人的义父，自己的不幸与内心的苦闷又算得了什么？胡昌翼扑通跪在了义父面前，痛哭失声。他的哭声里，一部分是对内心苦闷的排遣，更多的是对义父的感激。在维新桥上，在暮色中，在迎恩桥前，在村道上，胡昌翼痛苦地徘徊着，纠结着，思索着，内心深处涌动着世事变迁的苍凉与孤独。面对纷乱的局势和官场的尔虞我诈，面对人生的大考，胡昌翼彻底省悟了，他选择了终身不仕。

而这一年，胡昌翼只有二十一岁。

对于胡昌翼来说，他的命运有两个转折点：一是朱温叛变谋反那年；一是考取功名之后。“过州过府，毋如钻山坞。”这是他自己对命运的选择。从这一年开始，胡昌翼走上了新的生命旅程，成为了一名真正的隐士。他孤身只影，与村口的龟山、蛇山对话，与槃水廊桥相伴，耕云种日，开设书院，传道授业，著有《周易传注》、《周易解微》、《易传摘疑》等，直到岁月褪尽生命的风华。宋真宗咸平二年(999),时年九十六岁的胡昌翼，那一袭长衫的背影，仿佛宋朝一笔淡去的水墨，渐渐融化进了考水的山水。他大起大落的人生，画上了最后的句号。从村巷到槃水河畔，从维新桥到黄杜坞八卦墓前，处处都是含泪送殡的身影。姓氏,是一个宗族的标志,亦是血脉中最为亲密的部分。胡昌翼荣登明经科进士，村人尊称他为“明经公”。于是，他的名字便与明经胡氏连在一起，成了明经胡氏的始祖。胡昌翼在朱源捐建的一座石拱桥，在元代、明代其裔孙胡学龙等人都进行了重修，当地人称之为“太子桥”。而在离考水约数里的一个村庄，曾是胡三带胡昌翼避难最初落脚的地方，后人建了一座单拱桥，桥形似十六人抬的皇家轿子，桥名也为“太子桥”，村名亦与桥同名。我想，这源自于民间淳朴的情感，宛如写实后的抒情，没有半点的矫情伪饰。

考水村的桥与文化记忆，总是在相延的衔接中让人不期而遇。“四封桥”(亦称四姑桥)建于明代嘉靖年间。古时候，考水村因形制宜，按八卦形状布局建设，成为一方风水、人文旺地，鼎盛时期是千烟之村，村里无论男女，都崇尚读书。住在槃水河对岸有四位姑娘，常年要过河到精舍学堂读书，村民过往也非常不便，她们一合计，就出资建了一座石拱桥。在那个年代，四位姑娘在槃水河上的举动，肯定掀起了不小的波澜，只是没人记述罢了。四位姑娘的开明举动，赢得了村民的赞许，人们将她们出资建的石拱桥称为“四姑桥”。后来，四位姑娘出嫁后，因夫贵子贤都得到了诰封，所以就称为“四封桥”了。四位姑娘的身影，开始在考水的村庄风情中鲜活丰盈起来。据考水村老人胡周钦介绍，她们是：宜人胡翅嫜，山西按察佥事潘选之妻；夫人胡俪嫜，累封员外郎潘铎妻；安人胡盈嫜，刑部主事方建妻；胡应兰，刑部郎中潘钇妻。考水村有了她们与那么多从明经书院、精舍学堂走出去的进士作背景，历史上有“上海道台一颗印，还不及考水中街一封信”的说法，也就不足为怪了吧。在槃水河上，四封桥在风雨的剥蚀中，依然宁静、端庄，仿佛随时都能让人感受到一种母性的意蕴。考水村的槃水河上还有很多的桥，如双灵桥、步云桥、明经桥、长寿桥、云峰桥、双溪口桥等，每一座桥，都连通着建桥者的心灵史，还有村庄的民俗风情。

考水村原名叫考川，亦称槃水，村名取义于《诗经·卫风》中“考槃在川，硕人之宽”的诗句。考水村四面环山，村基为铜锣形，槃水河绕村而行。考水村是中国“明经胡氏”的发源地，历代科第接踵，人才辈出。倘若追根溯源，现代著名学者胡适、近代红顶商人胡雪岩等，他们的祖上都是从考水村的桥上走出去的……村中古朴的街巷，民居上雕花的门窗，还有马头墙上的飞檐，依然呈现着原汁原味的明清风貌。走出村口，漫步在青石小径与拱桥之上，在远眺与回眸中，我仿佛感受到关山顶上那矗立的“文笔”，还在“写天写地写山水”，还在书写着从槃水河拱桥上走过的读书人，以及藏在桥与诵读声中的隐秘。人与桥，在槃水河上留下的文化浓香，依然随着槃水河在悠悠流淌，依然弥漫在考水的山水之中。

荣耀的标记

——三十六座半桥的隐喻

一

即便桃溪没有三十六座半桥，桃溪还是桃溪，而坑头村显赫的盛名却少了一个传播的载体。在列峰为屏的鹅峰山里，桃溪上的桥，是与那开道的锣声与银顶的暖轿相对应的，桥成了“轿”的代名词，坑头有多少官轿，桃溪上就有多少座桥。桃溪的水，可以冲走岁月，却冲不走坑头村文化积淀的遗存。当潺潺的溪水，一路浅吟低唱淌入鹅峰山豁口时，承载着坑头村人祖先荣耀的桥，便在不同的年月出现了。

在婺源历史文化的河流中，十八里桃溪绘就了波澜的图景。在一千一百二十多年前，坑头村的始迁祖潘逢辰，相中了鹅峰山下列峰为屏的山水，从歙州黄墩迁此定居，沿溪广种桃树，开始编织一个桃园的梦境，并以地缘为依托，傍着桃溪水的流向，血缘向着孔村、豸峰、龙山扩展。至于村民以村落处于桃溪水的源头（当地口语：“溪”称“坑”）而俗称坑头，那都是后来的事了。桥，是时间与空间的完美结合，构建和呈现着坑头村的意象：千烟之村的繁盛，“一门九进士，六部四尚书”的门庭，潘士藻等人在《四库全书》里的十七部著作目录，“太宰读书处”的匾额，村口牌楼与节妇坊的残基碎片……这些，都在时间的上游。

坑头村来龙气势奔豁，水口曲径通幽，通往外界的八条山岭，青石板铺就，由村庄辐射向村外，蜿蜒，通达。坑头村到周边的主要村庄有：甲路、上严田、下严田、硖石、占港、孔村、对坞、松山，路程都在十华里之内，形成众星拱月之势，亦称“八卦村”。坑头村的繁衍兴旺，得益于潘氏四世祖潘初。据《桃溪潘三仕宗谱》记载，潘初，字元叔。七岁的时候，还不会说话。有一天，母亲带他登楼游览，他忽然开口说话，说自己本是玉皇大帝身边一童子，因生性好动，不小心打断了玉皇大帝的玉龙腰带，被下放到凡间，将在三十六岁离开人世。潘初第一天开口说话，竟成了谶语，他死于三十六岁。相传，潘初少年时，他家中请一位风水先生看地，到了午时还没有结果。母亲便叫潘初去杨梅坞口请风水先生回来吃饭。潘初在山底望着风水先生，只说了一句“猪母星下巢”。风水先生返身一看，果然见山底有一块“猪母星下巢”的绝佳风水之地。风水先生返回潘家讲明来龙去脉，说你家已出高人了，饭也顾不上吃，就匆匆离开了坑头村。潘家依照潘初的选择，将二世祖潘仁厚的墓地，选在了坐北东朝南西的“猪母星下巢”的风水宝地上，并在墓前用青石凿了一个水槽，无论干旱还是多雨，水槽始终不涸不满。在民间，养殖的猪母都有超强的繁殖能力，专致用来生小猪，而“猪母星下巢”的风水，正应合了这一说法，让潘家开始人丁兴旺，事业发达。这样的传说，遥远、浸痕、烂漫、神秘，在民间就像水的记忆。

坑头村的布局，独特、考究，村中民居因形作势，依山傍水，高低错落。村中四里长的小溪两边全用石板垒筑成磅，高四米五米不等，许多房屋就磅而建，门前都筑石拱桥与路相接，整个村庄方圆两华里内，就有大小不等的古桥三十六座半。大的石拱桥跨度有二十米，高六米，宽六米，小的仅有一米多。在传统社会里，坑头村建桥讲究风水人脉，讲究地位名望。“离地三尺有神明”。坑头村人建桥时，焚香、烧纸、祭桥神，一举一动都充满了崇敬与虔诚。在坑头村，无论是杨柳桥、遗安桥、锡元桥、瑞滋桥、五桂桥、济美桥，还是松雪桥、汪家桥、雨济桥、澄荣桥、桂芳桥、留荫桥、半洞桥，除打上了“尊官、重农、抑商贾”的烙印外，每座桥的名称都与周边环境相辉映，形成了独具特色的景观：有樟树绿荫蔽地的“留荫桥”；有罗汉松枝如霜雪的“松雪桥”；有桂花飘香的“五桂桥”；有杨柳依依的“杨柳桥”……

二

坑头村的桥，名声在外，传说很多，只要到过坑头的人，都能说上一段有关桥的故事。坑头村第一个坐上官轿，在桃溪建桥的人是第五世潘汝翼（字舜浦），他在宋绍兴二年（1132）登第。大业三年（607），隋炀帝诏令文武官员有职事者，可以“孝悌有闻”、“德行敦厚”、“结义可称”、“操履清洁”、“强毅正直”、“执宪不挠”、“学业优敏”、“文才秀美”、“才堪将略”、“膂力骄壮”十科举仕，宣告了中国古代科举制度的诞生。学而优则仕，潘汝翼寒窗苦读，通过解试（州试）、省试（由礼部举行）和殿试，终于成功“登龙门”，他将面对的又是一个怎样的世界？桃溪之上，此岸与彼岸虽然只有几米的距离，却足可以让每一位坑头人，去面对与思考一生。那一天，潘汝翼衣锦还乡，隔溪相望，他把自己光宗耀祖的那份荣耀，留在了桃溪之上。

从武将开国的宋代开始，坑头村潘氏宗族除了崇拜神明，还崇拜圣人，在村内弟子读书讲学之所启源书屋、本体堂、同异轩，供奉着的是至圣先师孔子之位。村里每个学童入学时，要先拜孔子，再拜先生，还要叩请先生赐学名。岁时节庆，学童还要在家长的引领下，向先生送节礼。每逢初一、十五，师生都要向孔子像焚香叩拜。在有秀才中举或登进士第的年份，村里春节期间巡舞“梅花灯”以示庆贺。“梅花灯”制作讲究，除了龙头、龙尾以竹骨扎成并裱糊彩纸外，龙身只用十三节木板活楔相连（梅枝、柳枝编成的花篮、灯笼、宝塔、动物等栩栩如生，惟妙惟肖，穿插在木板之上），巡游迎舞时，前有蓬灯引路，后有乐队伴奏，锣鼓声声，鞭炮阵阵，甚是壮观。这些散落在宗谱和村民记忆中的情节，一如坑头村的景致，徐徐打开了村庄泛黄的历史长卷。或许，在耕读传家的坑头村，每一位学子都曾读过《诗经·大雅·绵》中“绵绵瓜瓞，民之初生，自土沮漆”的诗句，而一旦瓜瓞绵绵成为村庄的气象，古风浓厚的坑头村将是怎样的繁盛？在潘汝翼登第的三百五十二年后，也就是1484年，潘珏中进士，随后，潘珍〔弘治十五年（1502）〕、潘锜〔正德六年（1511）〕、潘潢〔正德十六年（1521）〕、潘钍〔嘉靖十七年（1538）〕、潘士藻〔万历十一年（1583）〕、潘之祥〔万历二十六年（1598）〕等连续登第，他们与迁居在桃溪下游的孔村、豸峰潘氏一道，共同创造和书写了"奕叶相承，代有闻人"的氏族史。据《婺源县志》（民国版）、《桃溪潘三仕宗谱》（清同治七年版）记载，自南宋至清代，坑头村登进士者十五人，贡士九人，中举人二十三人，经考试选拔的贡生有三十三人，太学生三十六人。"一门九进士，六部四尚书"、"二科六举人，两榜四进士"、"棠棣四联辉，乔梓一联芳"……这些赞誉，仿佛是坑头村人蓄积已久的能量爆发，一个村庄的横空出世，与之契合的必然是人轿熙攘、侍从簇拥、仪仗堂堂、风云际会的盛景。试想，这么多官员均出自坑头，那个年代在婺源当个县令也确实不容易，每个官员过往，都要过桥穿坞出面迎送，等待他的将是无休止的叩拜……官场上的人，不能免俗，一个个都心照不宣地享受着这种礼遇与氛围。

三

在中国历史上由汉族人建立的最后一个封建王朝，坑头村人潘珍（1477—1548）、潘旦（1476—1549），他们年龄只相隔一岁，辈分却是叔侄关系。潘珍虽然比潘旦小一岁，但辈分大。叔叔潘珍弘治十五年考取了进士，两年后，侄子潘旦紧追其后，幸运地走到了一起，他们不仅同朝为官，还同时担任兵部左侍郎。据民国版《婺源县志·皇明奇事》记载："潘珍在北京以兵部左侍郎理部事，潘旦以兵部左侍郎提督两广军务。同因反对出兵安南（越南古称），上疏提出缓师观其变，忤圣旨去官归。后果如潘珍所奏，下恩诏恢复潘珍原官，珍以疾病辞官归……"嘉靖十六年（1537）四月，潘珍与潘旦以谏言获罪，同时被免去官职。在嘉靖年间，潘珍叔侄二人算是不幸中的大幸了，朱厚熜皇帝对"敢于进言劝谏者，轻则削职为民，枷禁狱中，重则当场杖死"。从这一点，很难把朱厚熜与那个"整顿朝纲，减轻赋役，对外抗击倭寇，争做明主圣君"的皇帝联系起来。等朱厚熜省悟过来，下诏恢复潘珍、潘旦职务，他们还会回到皇帝身边吗？十一年后，潘珍辞世。一年后，侄子潘旦追随叔叔潘珍而去。右都御史、工部尚书，是朱厚熜皇帝对潘珍、潘旦的封赠，但他们已经走到了时间的背面。

明世宗嘉靖十六年的四月，坑头村正处在倒春寒。花甲之年的潘珍回到家乡，当他看到自己考取进士，皇帝封他为官时建的"迎恩桥"，以及荣升兵部左侍郎，皇上敕封他祖父母、父母亲时建的"崇恩桥"，心中隐隐地掠过了一丝无言的疼痛。他殚精竭虑，早已想过了彼此的聚散离合，但散落在家乡的事与物，还是勾起了一幕幕往事的怀想。在潘珍一生走过的道路上，迎恩桥、崇恩桥只是皇恩浩荡的背景……最后，潘珍、潘旦一起走进了《明史·列传》中，历史的总结归纳简明扼要，留给潘珍一生的是三百零三字，而留给潘旦一生的是三百六十五字。

花，既是春天的定情物，也是春天的谎言。春天最乱的花算是桃花了吧。桃溪，有多少人拈花，就留有多少笑影。毕竟，桃花流水，花开幻象。“本是瑶池仙母种，伊谁引得夹溪栽。丹心不负芳春约，红脸争迎化日开。片片落霞随涧出，纷纷红雨过溪来。一年一度繁华景，莫道流光去不回。”潘士藻这首录在《桃溪宗谱》上的《题桃花流水》，是否是看尽繁华的思索与心灵回归的慨叹呢？

四

在坑头村无法查考的十六座石拱桥中，我一直想象其中一座桥与潘潢的联系。然而，人在桥上走，水从桥下流，古老的石拱桥没有向我透出半点声息。

潘潢的原名是潘天潢，因“天”字与皇朝天子有忌讳，他父亲潘铎便把四个儿子潘天济、潘天滋、潘天潢、潘天沭的“天”字，统统从名字中去掉了。潘潢（1496—1555），字荐叔，明正德十六年金榜题名时，他只有二十五岁，先后任户、工、吏、兵四部的尚书。从北京、南京，辗转到婺源，一程马车，一程木舟，潘潢在路上的日子，滞闷、寂寞，风尘仆仆。他归心似箭，吩咐轿夫的步子快些，再快些。在坑头村口，当他掀开轿帘，看到魂牵梦绕的村庄时，似乎有一种轻松、解脱的感觉，但内心深处还有一种说不出的怅惘——任户部尚书，他与宰相意见相左产生分歧；任兵部尚书，农民起义军师尚诏在安徽亳州与河南之间起事，他派兵镇压不力，皇帝怪罪。面对如此窘境，过了知天命之年的潘潢，把自己从深陷的泥潭中拔了出来，辞官归隐故里。一场又一场风雨过后，那个在金銮殿前朝圣的潘潢，彻底告别了尔虞我诈的生活，疲惫的脸上开始露出了平静的微笑。撇开潘潢从政的功绩，他首先是一位大孝子——父母去世时，守孝三年，酒肉不沾。百行孝为先。孝，与一个人的身份、地位没有关系。潘潢作为一个儿子，在对父母尽心奉养、顺从之外，他们百年后，做到了应该遵守的礼俗。他的一片孝心，感动了家乡人四百多年，甚至更为久远。

宗族，是以地缘为依托的血缘共同体。在那个年代，坑头村按一姓一族建村，潘氏为大姓，蒋、程、郑、曹为小姓。小姓均为明嘉靖年间潘潢在外做官带回的佣人（吹鼓吹的艺人、抬轿的轿夫等）。主人与仆人的关系，确立了大姓与小姓不同的地位。小姓不能居住村中，只有选择在村周落户，蒋家居蒋家湾，程家居程家山，郑家居村头，曹家居村尾。逢年过节，小姓人家进村，见人都要作揖行礼。坑头村千百年的时光里，“尊德”、“仰贤”、“瑞滋”等宗祠都成为了废墟，但光宗耀祖的匾额，学童开蒙的场所，载谱的仪式，祭祀的活动，中举登第巡舞的“梅花灯”，以及迎龙灯围着祠堂柱打旋的高潮，还交织存留在古稀老人的记忆里。在尊德祠和启元书屋之间的溪上，以及仰贤祠前，石拱桥与石拱桥之间都留出了很大的空间，空间中搭起木架，铺上木板，便与桥面连成一体，成了戏台。戏台上，不仅可以演戏、跳狮傩、舞“梅花灯”，还可以迎龙灯、“迎十八”。

仪式，在生活中不可或缺。我们是否想过，缺少仪式感的生活将是一个怎样的状态？祭汪帝的仪式，亦称“迎十八”，即坑头村在汪华的出生日（正月十八）举行的祭祀活动。“汪威圣德英烈千秋黎民奉境王，帝面红光崇仁万古广众拜真神。”坑头村水口汪帝庙的联文，仿佛是引子，导入了村民对汪帝的崇拜。说起汪帝庙，村民潘永新、潘永红如数家珍：现存的汪帝庙是一九九八年在原址上重建的（原庙建于明嘉靖年间，一九六六年拆除），庙内供奉着汪帝木雕神像，庙的门口还有一块“桃谷汪王庙碑”（碑文为“太学生里人潘滋撰并书”）。相传，汪帝与黄巢曾一起进京赶考，并结拜兄弟。黄巢谋反后，汪帝要求黄巢不能侵害扰乱乡民。得到黄巢应允后，汪帝快马加鞭，在六州以遍插黄荆为记号，以护六州。坑头村水口田埂与小船坑口生长的黄荆树，便是汪帝插黄荆为记的见证。

汪帝庙所处的地方为蛇形，庙就坐落在蛇头上。古时，庙内供奉着汪帝神像（汪帝神像的左右分别还有神婆、判官与神婆、小鬼）。后来，坑头村又在地势呈蛇形的“七寸”位置（坑头村有句俗话：打蛇打七寸。“七寸”在蛇头至蛇身七寸处，相当于蛇的“命门”。由此可见“七寸”位置的重要）建起了“魁星楼”（魁星楼为五层，层层八角出面，悬挂有铜风铃，微风拂动，一里之外都可听到风铃声，于一九五二年拆毁。在传统社会里，魁星楼是村里文人墨客吟诗作画的场所）。由于魁星楼压住了蛇形七寸之位，让“蛇”时常抬头张口，汪帝庙前的石磅筑一次倒一次。在坑头村村民的传统意识里，汪帝庙的神灵是神圣而不可亵渎的。一九四四年，村民潘应煌、潘大佑曾在汪帝庙内仿学判官、小鬼模样，回家之后就一病不起。祭汪帝设有“保孩案会”（有会友五十九户，每年祭祀活动由五户会友轮流共同承办，一户为会首，另四户为同会），按照会规：在正月十三、十五、十七早晨，由会首邀集会众祭神，祭毕，给每位会众发丁饼一对；正月十八日黎明，会首办好果盒、酒、银纸、三牲、蜡烛、鞭炮等，鸣锣集合会众，到汪帝庙汪帝菩萨前进行祭祀。巳时，会首再次鸣锣集合会众，迎汪帝神像进村入仰贤祠享祭。迎汪帝的队伍蔚为壮观，依次是：前后锣鼓各一副，各会户均举彩旗（亦称“蜈蚣旗”）一面，七担檀香球，一副銮架及汪帝神像。走村庄水口的锡源桥，浩浩荡荡，一路行进。迎汪帝行程中，沿路人家堂前设案上香，门口、桥头燃放鞭炮迎接。在汪帝菩萨迎进祠堂之前，必须迎到上村头水口朝北偏东方向拜“婆娘”。潘述子老人介绍说，汪帝菩萨神像是用樟木雕成的，树的来源就是朝拜的方向，雕成神像的樟树就成了汪帝的“婆娘”。迎汪帝入祠堂后，日夜有专人守护，香火不断，红烛长明，祭仪人员众多，程序大体与祭祖相同，场面庄重，祭品丰富。年复一年，支撑着如此繁复仪式的，应是民间信仰的力量吧！

祭汪帝期间，是村中最为热闹的日子，村中要组织在桥边搭起的戏台演戏，短则三天，长则五天，以示喜庆。家家户户都忙里偷闲，纷纷邀请邻乡、邻县的亲朋好友，前来做客、看戏。更忙碌的，是参加演出的串堂班，还有村中自行成立的戏班。《乌金记》、《三结义》、《白玉簪》、《闹天宫》、《白蛇传》、《打金枝》、《陈四美不认妻》，这些都是戏台上演出的曲目，徽腔、京腔、黄梅调，接着缭绕的余音而起。坑头村人潘甫（号亦疑道人），在其著作《瓿余录》中，以一副桃溪的演戏联记述了演出的情景，上联：何必名都梨园，但令孰可勤孰可惩孰可激发，一一曲肖真情，略施扮演以登场，也使顽廉懦立；下联：趁此酣歌挑渚，且喜若者生若者旦若者丑净，人人各呈妙技，倘进秀良而为士，会看霞蔚云蒸。在那个年代，村中看戏，老祖宗留有规矩，以桥为界，青年男女、老人小孩分场地观看，青年男女调情嬉笑，稚童喧哗吵闹，都将遭到长辈的训斥。“同姓不连婚，潘杨不结亲”，一直是坑头村的风俗。“潘杨不结亲”，是因为侠义小说与民间传说中“潘仁美与杨家将”的“借刀杀人”故事，丑化了潘仁美的人物原型——坑头潘氏祖先潘美。潘美（925—991），字仲询，行伍出身，官至宣徽北院使，战功显赫，为宋朝名将。他曾参与陈桥兵变，拥立赵匡胤称帝。雍熙三年（986），宋辽岐沟关之战中，潘美任两路军主将，杨业（即小说与民间传说中的杨继业）为副将。在这场以失败告终的战事中，杨业负伤被俘，绝食而死。之后，“潘杨不结亲”约定俗成，甚至连有关“杨家将”的戏也不准在村中演出。

小戏台，也有大背景。戏台上，是对苍白虚幻历史抑或遥远而破碎历史细节的连缀，演绎与幻化的是历史的辉煌与沧桑，君王的严明与昏庸，臣子的义勇与奸诈，世间的爱与恨。尽管君王将相、公子小姐不会走到民间，但人们可以结缘舞台，从中相知相识。可告老还乡的潘潢呢，他的人生往事何尝不是一台戏！潘潢在吏部时，“因选人才，不从宰相私荐，被贬，复回礼部”，辞世后，“赐葬祭如例，谥‘简肃’，赠资善大夫，太子少保”。“尚书第”、“太宰”牌坊，连废墟残基都很难找了，唯独剩下一块嘉靖三十六年（1557）婺源知县郑国宾为“潘潢书屋”题的“太宰读书处”匾额。而无法查考的十六座石拱桥，在四百多年前的时光中，又有多少故事与潘潢发生过关联呢？是村里人失忆了，还是被一捆捆的柴火遮蔽和青苔覆盖了？我需要灵光一现，寻找回应。时间剥落了一切。坑坑洼洼的桥头，有的老屋确实是破败不堪了，一副面临倒塌的样子。面对这样的景象，仿佛看到了一个停止了的钟摆，时光给我的感觉是停滞的。这里，藏着村庄多少旧梦？

五

坑头村在盛名的年代，曾吸引多少人的目光？走进村中，一座座桥都是与官宦名士连在一起的。像普世桥——明代潘铉卿建；桂芳桥、问津桥——明代潘永元建；五桂桥——明代潘峰建；锡元桥——明代潘选建；济美桥——明代潘尊德建；留荫桥——明代潘元彪建；泽民桥——明代潘颀祥建；龙湾桥——清代潘杰建，以及潘士藻建的松雪桥、潘汾建的百岁桥，都无一例外地贴上了官宦名士的标签。从坑头村潘汝翼登第建桥开始，村中走出的官宦名士，他们光宗耀祖的标识莫过于在桃溪上建桥了吧。坑头村三十六座半桥，一直被人们津津乐道。桥，作为一个建筑的整体，怎么会有半座桥出现呢？相传，坑头村清代有一富商，想出资在桃溪上建一座石拱桥，便向村里族人表明了自己的想法。村里族人考虑到他虽然没有功名，但为村里的公益事业做了许多好事，最终只同意他在小船坑坞建了座半桥（一边是券洞，一边是直角），并应允他，等他子孙发迹做官了，再改建成圆形的石拱桥。半桥是坑头村的一个特有的标记，而走过半桥的人又从中能够悟出点什么呢？

五桂桥由潘峰建于明代，后由族人潘永亨重修，为单拱石拱桥。桥长有九点四米，宽四米，高五米，桥额上刻有柳体的“五桂桥”三字。“桥头有五桂，月窟移仙根；八月开金粟，清香度几村。”每一位在《桃溪潘氏宗谱》中读过赞五桂桥诗的后人，能不留存对五桂桥芬芳的记忆吗？

据说锡元桥是潘选在明弘治年间进士及第时建造。在坑头村，潘选是一个传奇式的人物，他不仅做官以风清气正闻名，他的孝顺更有名气。潘选一身正气，从江山知县做起，升至户部主事，再升河南按察佥事。潘选在转任山东佥事时，母亲患病，他“弃官归，值母病思食鲫，急不可得。或请以他鱼代，选不可。解衣入池中捕之，果得二鲫”（道光《徽州府志》卷十二）。后来，母亲去世了，潘选趴在灵柩上哭了七天七夜，竟然跟随母亲而去……潘选的一生简洁得不能再简洁了，他只守住了两个字——廉、孝。传说舜以自己的孝行感动了天帝，而潘选呢，他的孝行让每一位走过锡元桥的人为之动容。

在距“太宰读书处”不远的桃溪上，有座“松雪桥”。据村里的老人介绍，松雪桥是明朝万历年间潘士藻中进士时所修建的。潘士藻（1537—1600），字去华，号雪松，生而灵异端重，文笔老练如宿儒，为官廉洁勤政。他隆庆四年举乡荐，万历十一年进士及第。及第后，初授温州府推官，任职期间因政绩突出，被擢升为御史，负责巡视京都北城。潘士藻上任不久，东厂中官张鲸手下侍卫侯进忠、牛承忠私出紫禁城，在光天化日之下侮辱调戏妇女，巡逻士兵发现后上前劝阻，反而遭到他们的毒打。潘士藻听到报告后大怒，立即派人将这两个侍卫擒获，并处以杖刑，一人重伤致残，一人当场杖毙。潘士藻因此事与东厂结下了怨仇。之后，潘士藻在一次进谏中惹怒了神宗皇帝，东厂张鲸乘机诬告报复，他被贬为广东布政使。许多年后，潘士藻才升任南京吏部主事，再升为尚宝卿，在任职期间病逝。后人对他一生有“政绩在郡县，风采在庙廊，信义在交游，宗族学术在天下”的评价。潘士藻留存于世的著述，主要有《阇然堂类纂》六卷、《谈易述》十七卷。“克己而后能格心，正身而后能纠邪。”松雪一样高洁的人，在家乡修建一座桥，桥名都如此高洁!

无独有偶，婺源还真有把“官桥”堂而皇之地纳入村名的。秋口官桥原名桥川，“元延祐年间（1314—1320），附近金竹坑程世忠建村”(《桥川程氏宗谱》)。相传，桥川改成官桥，还藏着一段佳话：一个黄道吉日，桥川人建的第一座石拱桥即将竣工，此时恰逢一位高官巡游路过这里，村里的人都觉得这是上天对村庄的眷顾。有人就提议将村名改为“官桥”，寓意村里的子孙将来有机会坐上官轿，可以飞黄腾达。于是，一说众应，官桥的村名一直沿用至今。心中多了一份祈愿,就多了一份念想。村庄有这样的桥在，溪流时时都在村民心中灵动。

跨越、连接、沟通，在建筑符号带来视觉上的美感之外，桥蕴含着一个地方的象征意义和一个地方的文化特质。在婺源乡村，桥的一石、一柱、一墩、一栏，都以桥的形象展现着乡村文化的意蕴，还有荣耀的标记。坑头村的荣耀，全部写在了三十六座桥上，一座座桥都是荣耀的标点，这样的标记已经成了坑头村历史的符号，既是专名的、感叹的、连接的，又是无法省略的。

热血流淌

——遮不住的武穆诗情

一

一一三一年的一天，一队队身穿铠甲的军士从五城向婺源穿行，战马的嘶鸣不断从密林中传出。手持铁枪、跃马领先的便是抗金名将——岳飞。

抗金、精忠报国，仿佛是岳飞一生的主题。人们熟知的岳飞，是一位忠肝义胆的抗金名将，而他率领岳家军在剿抚内乱屯兵婺源时，建桥挖塘造福百姓，并留下墨迹诗章的故事却鲜为人知。在八百多年前的南宋，雄州（今河北雄县）人李成，虽然只是一个弓箭手出身，但勇猛彪悍，他从淄川聚众，广招亡命之徒，一直南下，开始掠州夺府。这对于刚在南京继位不久，屁股还没在金銮殿坐热的宋高宗赵构，无疑是一块心病。南宋绍兴元年（1131），宋高宗赵构任命张俊为江淮招讨使，岳飞为前锋，开赴洪州（江西南昌）征讨李成。岳飞奉命后，统率大军，从江苏的江阴出发，经宜兴、广德、宁国、绩溪、歙县、休宁，到了婺源。

掀开南宋历史的帷幕，岳飞处在征战连绵不绝的年代，戎马一生。然而，岳飞在婺源却呈现诗性的一面，传下了许多墨迹诗章，留给人们无限的遐想。据记载，在宋绍兴元年至三年（1131—1133），岳飞率兵征剿李成，曾多次辗转婺源，在江湾、秋口、清华、古坦、甲路、赋春一带，都屯过兵扎过营——岳家军“屯兵扎营数里，一路旌旗遍布，部卒皆宿于屋檐下，足不入门户，骑不践禾黍，茶水稻草均给其值，沿途百姓无不称颂”（《清华胡氏宗谱》）。

二

山峰叠着山峰，山岭叠着山岭。岳飞策马而来，率岳家军从五岭向江湾进发。

江湾的“来龙去脉”非常清晰，水口宛如龙头，龙身是后龙山到仙人桥，再从石牛岭至朱笔尖，直到溪头龙尾。传说这方风水宝地是南唐国师何溥（字令通）指引萧江氏族迁入的。北宋初年，南唐国师何令通触怒了龙颜，他遭贬后，于宋太平兴国四年（979）来到了“赴省去休，大路进源登五岭；通衢到浙，长河直上往三涪”的江湾，走进灵山隐居。何令通与萧江六世祖江文采（又名江广汉）的私交很好，江文采曾送何令通五十亩地，帮他在灵山修建了碧云庵。何令通为萧江氏族选江湾阳基地，算是对江文采的感恩与回报了。江湾是和水连在一起的，“得水为上”，不仅山环水绕，村前有大河，还筑有水坝锁住水口，用水圳引水入村。村前蜿蜒的河流，宽阔的水坝，以及“明圳粼粼门前过，暗圳潺潺堂下流”的圳渠，共同组成了江湾村一如“江”字形状的水系网。“江”字三点水即“三池”。三池是南关亭左右两侧的荷花池与村西水口辛峰阁前的荷花池，三个荷花池的水都与南关湖的水系相通。蛰居乡里的皖派经学创始人江永，曾为荷花池留下了这样的对联："水贴荷钱买得湖光千万顷，山垂木笔描成春色二三分。""江"字"二横"是新坑桥向西流的水圳与"外边溪"水圳。而"江"字中的"一竖"呢，是在村东头，指发源于村庄东面的坞头源山溪。山溪流向梨园河入口，筑了两道水坝拦截溪水，引流入村。

岳飞率岳家军来到江湾的时候，云封雾锁的村庄忽然云开雾散了。远途行军，"岳飞兵至江湾时，由于山路崎岖，运饷不畅，粮草几乎断绝"(《婺源县志》)，在部队休整时，岳飞看到梨园河水坝上方村民过河不便，号令军士动手，采石筑桥，便利于百姓。石拱桥建成了，村民欢天喜地，敲起锣鼓，吹起唢呐，有的泡上一壶绿茶，有的拿出了家中的鸡蛋、番薯、苞芦（玉米），有的还甚至打了糯米粿，纷纷上前慰问，表示感谢。群众的眼睛是雪亮的，在他们的心目中，岳飞是一个在胸口建桥的人，距离是从胸口到脊梁。他的桥一头连着百姓，一头连着国家。岳飞顾不上给桥起名，村民就把石拱桥以英雄的名字命名——岳飞桥，时光为石拱桥刻上了印章。在岳家军中，有一位江湾籍的进义校尉，名叫江致恭。他目睹军中此情此景，深为感动，毅然决然地捐出所有家财以助军饷。"秋风猎猎卷旗旌，鄱水湘江未足平。指日黄金台下去，与君握手共功名。"这是岳飞离开江湾时，题与江致恭的答谢诗。或许，那样的日子那样的事，都被历史忽略了，但百姓心中有杆秤，岳飞桥的故事一如梨园河的水，仍在民间传说流淌。

三

岳家军虽然刚刚组建两年（组建于公元 1129 年），还经过了牛头山大战，队伍仍有兵士万人以上。“用兵者无它，仁、信、智、勇、严五事，不可不用也。有功者重赏，无功者重罚，行令严者是也。”这是岳飞对部将张宪说的。试想，一个倡导“为将五德”、“军纪严明”的人，对自己对部下将是怎样的持守！自古至今，为官为将者都知道“公生廉，廉生明”，也会把公正廉明挂在嘴上，而做到廉洁严明者，真是凤毛麟角。

清华以“清溪萦绕，华照增辉”而名，婺源古县治之地。“时清华环街上下有四坊、九井、十三巷。”（胡升编撰《星源图志》）岳飞率岳家军行军到清华，五里长街的店铺与客栈，街上的长寿坊、桂枝坊、安仁坊、仁寿坊，还有大夫巷、撩车巷、安乐巷、小公巷等十三巷，他都去察看了。清华街上开客栈的店主看到岳家军来了，敞开大门请他们入住，都被岳飞婉言谢绝了。岳家军扎营清华，屯兵数里，官兵都宿于百姓屋檐下，不侵占群众一财一物。为解决军士用水，官兵携手在清华下街修凿了一口长方形的方塘。清华有犴子头井、狮子尾井、冷彻骨井、惊忧井、泉不竭井、后街头井、灵芝阁井、岭头求井、依山下井，岳家军为什么还要修凿方塘呢？猜想，为的只有三个字——不扰民。“饿死不抢百姓粮，冻死不进百姓屋”，成了岳家军行军路上铁的纪律和一种自觉。在周密撰写的有关南宋旧事的《齐东野语》中，就有“岳家军军纪‘中兴第一’”的记述。一路行军，岳家军所到之处，民众欢欣鼓舞，“举手加额，感慕至泣”。在大夫巷，宋武翼大夫胡诗礼正好告假在家，他被岳飞严明的军纪所感动，召集家人杀猪担酒犒劳岳家军。岳飞临别题诗答谢：“提戈阃事寄南征，一宿殷勤见主情。凤阁龙楼依日月，金书玉卷灿星辰。笑谈樽俎如吾兴，带励山河待尔盟。此去长安天路近，冥鸿早夕寄秋声。”

八百多年过去了，在清华百姓称颂的岳飞方塘，时光的青苔爬满了历史和记忆。

四

诗，只是一个引子，我读出的是岳飞情真意切的感动，还有他的胸襟、胆略、理想与抱负。岳飞的真诚与一腔热血，他在用诗意作表达。他的诗意，他的性情，宛如甲路花桥下的水，在一层层洇开：“上下街连五里遥，青帘酒肆接花桥。十年征战风光别，满地芊芊草色娇。”（《花桥》）花桥处在村庄丁字街口的河汊上，是一座单孔石拱桥，始建于北宋中叶，桥上设有桥亭。花桥的前方，是北宋嘉祐年间兴建的龙川书院。岳飞在花桥吟诵时，是否听到了龙川书院传出的琅琅书声？

无论是在岳飞安营扎寨的秋口鹤溪洲，还是他走马吟诗的甲路花桥，我追随的不是一个影子，而是一个鲜活的有血有肉的人，一个平凡而勇敢的人。岳飞率岳家军开垦种粮的鹤溪洲，在迎来丰收的喜悦里，他把鹤溪洲的名字改为了“万贯洲”。万贯洲上的兵营林，是婺源后人对岳飞人格与精神的一种纪念。曾是上至徽州、下至饶州通衢要道的甲路，花桥的廊壁一如村民家中堂的布置，廊壁上挂着木刻的岳飞《花桥》诗。四句诗的两边还刻了一副木联：“武穆题诗传古迹，留侯进履仰宗风。”原桥亭中，设有供奉岳飞牌位的神龛。在婺源乡间，百姓除了供奉神灵、祖先，上香作揖的只有五人，岳飞是其中之一，还有四人是汪帝（汪华）、关帝（关羽），以及修建彩虹桥的胡永班、济祥和尚。由此可见，从历史的深处开始，民间的推崇与褒扬是如此朴实。甲路的村民，在岳飞身上找到了一种精神的寄托。

在我的阅读记忆里，岳飞在婺源还有一首对齐山翠微亭的吟咏：“经年尘土满征衣，赢得寻芳上翠微。好山好水观未足，马啼催送月明归。”（《题齐山翠微亭》）景色与征战，他通过诗的路径进行内心的表达。面对婺源秀丽的自然风光和古朴的人文景观，岳飞情不自禁，他在古坦石城村东侧的岭头石壁上，用手中的铁枪题刻了“观山”二字，还在游览通元观涵虚洞时，在洞内刻下了“岳飞到此”四个大字。在岳飞刻字的周边洞壁上，清代诗人李承端的一首《七绝》，充分表达了后人对岳飞的敬仰和爱戴之情：“椽笔何人刻上方，文奇字古接苍茫。叮咛神物常呵护，旗上精忠想鄂王。”涵虚洞，仿佛一条幽暗而深邃的时光隧道，让我穿越到八百多年前的南宋，看到了一个平常心、真性情的岳飞。他率性、陶然，情到深处，波澜不惊。

五

岳飞手持铁枪，策马扬鞭。他的战马，在洪州、鄱阳、郢州、襄阳、荆州、鼎州、商州、虢州、郾城、颍昌、淮西、开封一路嘶奔。

金兵入侵，岳飞接连上奏请战，捷报频传。“善以少击众。欲有所举，尽召诸统制与谋，谋定而后战，故有胜无败。猝遇敌不动，故敌为之语曰：‘撼山易，撼岳家军难。’”（《宋史·岳飞传》）然而，朝廷的一道密令，既能设定岳飞征战的轨迹，亦能收回岳飞征战的轨道。秦桧内外勾结，他一手策划的十二道金牌，就是朝廷的十二道退兵令，道道都刺痛着岳飞的心。无奈的岳飞，只有在孤立无援中被迫班师。

“怒发冲冠，凭栏处，潇潇雨歇。抬望眼，仰天长啸，壮怀激烈。三十功名尘与土，八千里路云和月。莫等闲，白了少年头，空悲切！　靖康耻，犹未雪；臣子恨，何时灭？驾长车，踏破贺兰山缺。壮志饥餐胡虏肉，笑谈渴饮匈奴血。待从头，收拾旧山河，朝天阙！”岳飞的《满江红》，是他壮志未酬，在孤独与悲愤中的绝唱。

面对被眼屎迷住了眼睛的朝廷，一腔热血反对和议的岳飞岂能坐等旁观？宋高宗赵构听信谗言，虚晃一枪，调岳飞到临安枢密院任职。显然，赵构调岳飞到枢密院任枢密副使，是明升暗降，趁机削弱了他的兵权。后来，岳飞的枢密副使还被罢了，任了一个“万寿观使”的虚职。这是朝廷伸出魔掌的信号，这是岳飞大祸临头的征兆。面对排挤和压制，耿直善良的岳飞，认为自己只要解除了军职，回家赋闲就会相安无事。然而，等候他的，却是一场腥风血雨。

从岳飞二十四岁在枢密使刘浩手下参加敢死队开始，时势能够造就他，亦能够毁掉他。独揽大权的秦桧为了满足金朝方面“必杀飞，始可和”的蛮横无理要求，竟然冒天下之大不韪，将黑手伸向了岳飞。秦桧授意，张俊暗中操作，在岳飞的部将中物色能告发岳飞的奸细叛徒。在秦桧的威逼利诱和指使下，副统制王俊、都统制王贵大逆不道，充当首告，炮制了《告首状》，诬告岳飞最倚重的部将张宪要领兵到襄阳谋反，并将岳飞牵涉其中，想置他于死地。

岳飞遭到诬陷入狱，是谁在玩弄与权力交媾的快感？是张俊，是秦桧，还是赵构？此时的赵构，是否已经“屈己求和”，又是否将前朝的“靖康之耻”抛在了九霄云外？

一个从河南汤阴走出的热血青年，凭着一杆铁枪走到了南宋王朝的中心，他不畏强敌不畏权势，但最终他的铁枪还是刺不破一个王朝无形的茧。一道“岳飞特赐死。张宪、岳云并依军法施行”的密令，是曾赐“精忠岳飞”锦旗和将岳飞推到统帅的宋高宗赵构的旨意，还是独揽大权一心乞和的宰相秦桧假传的旨意？历史只给后人留下了一个谜团。

一一四二年的隆冬，那天是农历的除夕，岳飞遇害于大理寺狱中，时年三十九岁。

当天，岳飞的儿子岳云和他的部将张宪也被当街斩首。

一个“莫须有”的罪名，一起蓄意制造的“父子谋反”冤案，一段历史的讽喻。天日昭昭！天理何在？

噩耗从杭州大理寺传出，婺源的父老乡亲在江湾岳飞桥前，在秋口万贯洲上，在清华方塘边，在甲路花桥桥亭里，将流下怎样的泪滴？

落雪了，一场前所未有的大雪在南方落下……

双桥落彩虹

——募化僧人胡济祥与创始理首胡永班的修行

一

一七七〇年的正月初一，乾隆皇帝一道谕旨彰显盛世：他为庆祝自己六十寿辰，在全国第二次减免地丁钱粮，“根据‘内外经费度支，有赢无绌，府库所储，月羡岁增’的财经条件，颁布谕旨，命从本年起，分三年时间，将全国应征地丁钱粮再行普免一次。同时还规定，‘轮蠲之年，遍行劝谕各业户等，照应免钱粮十分之四，令佃户准值减租，使得一体仰邀庆惠’。此次蠲免钱粮总数，计有二千七百九十四万余两”。而在这年的同一天，在北京千里之外的婺源清华，林坑庵的济祥和尚脱去七衣，换上了赤黄混合色的袈裟，从双河出发，为建桥走上了一条募化之路。

在林坑庵，所有僧人按辈排行，每一辈都有一个特定的字，济祥也一样，他是“济”字辈，法号济祥，是出家剃度时师父取的。他还有一个世俗的名字——胡宏鸿。从他出家受戒的那时起，胡宏鸿的俗名已经交还给了他的家人。无论名字怎么改，也改变不了他是清华胡德的后裔。在婺源人的口语习惯里，“和尚”、“师父”都是出家修行僧人的代名词，于是，民间称济祥，有叫济祥和尚的，也有叫济祥师父的。天上飘落的鹅毛大雪，无法遮蔽住年的浓烈气息，正当人们都忙碌着过年的时候，有两个人伫立在双河边对着木桥比画商议着，似乎周边热闹的景象与他们无关。两人中，一位是济祥和尚，另一位是他的同乡胡永班。

自他们商定在双河之上建廊桥开始，两个人的人生命运从此发生了改变——一位负责募化资金，一位负责学习建桥技术。除了他们自己，没人知道最先蹦出这个想法的是谁。总之，两人觉得有缘，一拍即合。

济祥和尚进林坑庵，削发为僧，实际上就找到了一种人生的归宿，他完全可以日复一日地在林坑庵里敲着木鱼诵经，吃斋念佛，但他面对双河上人们过往的不便，还是选择了募化建桥，选择了路上的修行。一天、两天、三天，一个月、两个月、三个月，一年、两年、三年，济祥和尚起早摸黑，翻山越岭，入村进城，一路募化下来，与建桥所需的资金还相差甚远。他走路的步幅很大，脚步迈得开，走得很快。没有人去记述济祥和尚募化路途上的艰难，他挨家挨户去募化，时常遭遇狗的狂吠与人的冷脸，以及风餐露宿的无奈。他有酸楚、疑惑、不安，甚至忧虑，但这一切都没有动摇他心中的信念。面对路上的一条河，抑或一座桥，他时常陷入一种离奇的幻觉，仿佛看到了双河上矗起的廊桥……乾隆皇帝用三年减租降税，而济祥和尚却用五年募化建桥。民间这样的事，似乎与康乾盛世离得很远。五年，一千八百多个日夜，没有人与济祥和尚同行。更没有人去估量与计算这座长一百四十米、宽三米、四墩五孔的彩虹桥，究竟花费了多少银两，而济祥和尚在募化路上又走了多少路程，这一切，至今还是个未知数。

双河，是济祥和尚路上修行的起点。我望着双河边蜿蜒消隐在山中的青石板路，以及向着远方流淌的河流，想象着他一个人的孤独之旅。很难说得清楚，济祥和尚是遁出了红尘，还是遁入了红尘呢？

二

以“清溪萦绕、华照增辉”而得名的清华，处于浙源水与古坦水的合口处。据《婺源县志》载：唐开元二十四年（736），朝廷发兵镇压休宁县回玉乡鸡笼山的“洪真之乱”后，为加强对这“松散”地方的管理，在开元二十八年（740）合休宁县回玉乡和乐平县怀金乡成立婺源县，设治于此。一百六十一年后，也就是天复元年（901），婺源县治之地又从清华迁入弦高镇。当时，清华“街修五里，列为四坊，沿街上下有九井十三巷”（《清华胡氏统谱》）。“因其地控婺北咽喉，扼皖、赣交通要冲，商贾往来络绎不绝。山区茶叶、竹木、土纸、箬叶、药材等土特产品多在此成交，水运鄱（阳）乐（平）；食盐、布匹、百货等日用品从休（宁）浮（梁）输入，散销邻近山乡。”旧县志中说，婺源十户之内“商之家三”。

清华人胡永班住在双河边，他在街上做点小生意，每天早出晚归。双河上只有一座木桥，时常被洪水冲毁，一到冬天，木桥上有了霜雪，路人过桥非常危险。胡永班是个热心人，一到冬天，他每天坚持清扫桥面，消除霜雪，一直坚持了二十六年。

在双河上建一座石桥，是埋在胡永班心里的一颗种子，在他与济祥和尚的共同发酵下开始生根、发芽。济祥和尚负责募化建桥资金，他也舍弃了自己的生意，背井离乡，出外学习建桥技术。对于胡永班与彩虹桥，《清华东园胡氏勋贤总谱》卷四《东园派二十五世祖永班公像》留下了这样的记述："本里彩虹桥始仅木桥，溪暴涨辄坏。班家桥侧，幼贫，负贩供亲。尝出暮归，桥崩不得渡，誓易木以石。每霜雪板滑，为行者病夜披衣起躬扫除，如是者二十六载。既果，协建石桥，桥圮复协修，比成疾作，籍赢余手致之同事，曰：'吾志毕矣。'遂没。"

一个做小生意的人，转行向附近花园村的石匠师傅学手艺，凭的就是倔强与锲而不舍。胡永班骨子里的刻苦与钻劲，赢得了师傅与同行的赞许。从彩虹桥定线、固桩、清基，到桥墩、桥台、桥面的施工，胡永班能够自己做的，都身体力行，亲力亲为，终因积劳成疾，一病不起。临终前，他拉着济祥和尚的手说："我的心愿总算完成了，死而无憾。"胡永班辞世时，他没有半点痛苦的神情，脸上嘴角上还含着一丝笑意。或许，写在胡氏总谱《东园派二十五世祖永班公像》上的那段文字，就是对胡永班一生最好的悼词。

一个经历过太多沧桑和生命体验的人，他的泪腺已趋于干涸。然而，胡永班的辞世，济祥和尚还是失声恸哭，泪如雨下。他长久地站在彩虹桥前，面对流淌的河水，内心在为胡永班超度。他清澈的双眼，充满了睿智与忧伤。

“两水夹明镜，双桥落彩虹。”人们看到双河上彩虹挂空的情景，袭唐诗一咏三叹，就有了彩虹桥的桥名。有的时候，时光也是一个谎言，在桥头风化的《重修“彩虹桥”碑记》上，我还依稀读出了“彩虹桥，袭唐诗‘双桥落彩虹’而命名。桥龄古者建于唐末……”这样的说法，让后人更感扑朔迷离。石碑上，立碑记的年月已经风化得模糊不清了，而立碑记的人是否以一首唐诗混淆了时间呢？抑或，双河上早先在唐末建有彩虹桥，后来冲毁或倒塌了，就搭建了木板桥，济祥和尚与胡永班募建仍沿用了原名。然而，除了一块《重修“彩虹桥”碑记》，我却没有读到更多的文字记述。按照双河上彩虹与桥相映的场景，彩虹桥的竣工，应是在一个夏天的雨后吧。那天，没有典礼，没有仪式，只有惊异与专注，只有感动的暖流。而这一切，似乎和济祥和尚没有多大的关系，他在廊亭内专心致志地向过往行人施茶……春夏秋冬，寒来暑往，每一天，济祥和尚都在彩虹桥上找到了心灵的慰藉。

“一切有为法，如梦幻泡影，如露亦如电，应作如是观。”正如《金刚经》中所说，人的一生，从来处来，到去处去，终归于寂无。一如钟摆，恪守着时间的秩序，若干年后，济祥和尚无疾而终。

三

白虎、玄武、朱雀、青龙、勾陈、腾蛇，民间称为上古六神，视为吉祥的象征，它们以各自的神力，为民间避邪、禳灾、祈丰，甚至惩恶扬善等。这样的神兽，在民间只是一个意象的符号，而在彩虹桥第三个桥墩的石缝中，却有一头铁铸的水牛。按当地的风俗，建桥时在桥墩放置一头铁铸的牛头，可以镇水驱邪，护佑大桥平平安安。彩虹桥用铁铸水牛镇水驱邪，并非胡永班与济祥和尚的创意，早年在江西宜黄人乐史修撰的《太平寰宇记》中，就有“开元十二年，于河东县开东、西门，各造铁牛四。其牛并铁柱连腹入地丈余，负桥跨河”的记载。

廊桥，又称风雨桥，桥亭功用是供行人遮阳避雨的。如果上溯廊桥的历史，可远溯到春秋战国时期。在唐代，现实主义诗人白居易在《修香山寺记》中就有了“登寺桥一所，连桥廊七间”的描述。婺源古桥很多，全县有志书可考的古桥就有四百五十多座，至今保存完好的还有三百五十多座，彩虹桥便是婺源廊桥的标志之一。彩虹桥桥墩的设计颇具特色：它的前端形状像个船头，呈锋锐尖状，当地人称它为“燕嘴”，后面则平整。燕嘴的设计不仅美观，更具有分水作用。这种桥墩的燕嘴形状，可以最大程度地减少洪水对桥墩的冲击和破坏。彩虹桥桥墩的跨度也有讲究：彩虹桥桥墩之间均以木梁横架，但桥墩之间的距离是不相等、不对称的，跨度最大的为十二点八米，最小的只有九点八米。据说，这样的设计是根据汛期洪水主流量经过的位置而精心设计的，河水流速最快的地方，桥墩间距就大，河水流速缓慢的地方，桥墩间距相对就小。而桥墩的建筑呢，以大小长短不一的青石砌筑、嵌叠，间隙小，嵌合紧密、牢固。当时，在生产条件落后的情况下，建造这样的桥墩的难度是可想而知的，工匠们首先围栏筑坝，用农用水车抽干水后清基，再打基础砌条石，并在桥墩内部用砂石填充。同时，在桥的上游人工建造石堨，减缓了水的流速，也就减缓了水对桥墩的冲击力。为了筑牢每一个桥墩，胡永班与工匠们一起不知商量琢磨了多久。谁也料想不到，二百多年后，“彩虹桥二号墩，受一九八三年洪水（百年一遇）冲垮，十一间廊亭倒塌三间。一九八五年动工修建，采石四百七十立方，用工一万五千多个，总共耗资九万四千元，至一九八六年八月修复”（《婺源县文史资料》第二辑）。彩虹桥的廊桥全部采用传统的榫头构造，榫头之间用木楔固定。相对于铁钉，这种榫头结构，不仅经济、价廉，而且坚固、耐用。铁钉看似坚硬，但容易生锈，与木头结合在一起，随着人的行走振动，反而会增加木头磨损，引起松动。而榫头再插入木楔，只会越来越紧密，越来越牢固。做廊桥的树，没什么特别，都是周边山上砍的杉树、枞树。廊桥的两边，有长长厚厚的木板连着廊柱，就成了栏杆与坐椅。彩虹桥垫地的木板很有意思，不光洁，不密缝，当地人说是便于更换。廊亭也是高矮不齐，木椽青瓦结顶，错落有致。

在以徒步为主要出行方式的年代，彩虹桥是平民百姓的风雨桥。彩虹桥的桥头，靠五里长街的一边有桥屋，靠登云桥的一边还有水车、水碓。登云桥是彩虹桥的延伸桥，单孔石拱，上面有护栏。从地理位置看，过了石拱桥，就登上彩虹桥。登云桥与彩虹桥一上一下，一小一大的连接，诠释了婺源桥名文化的精髓：寓意吉祥，祈愿发达。在远去的年代，清华北乡一带，饱读诗书进京赶考的读书人，进京赴任的官员，出外做生意的商人，都从这里出发，或是出发之前都要到这里走一走，讨个头彩，祈愿吉祥如意、飞黄腾达、光宗耀祖。相传，明隆庆二年，沱川人余懋学（1539—1598）进京赶考，出发之前就到这两座桥上走过，他榜上提名，考上进士，最后官至吏部尚书。随着登云桥延伸的青石古道，绕着一畈畈的稻田，稻田边上是成行成垄的茶山，茶山上面是叠翠的树林，树林之上是蔚蓝的天空。山谷里，有袅袅的炊烟升起。

在济祥和尚与胡永班准备建桥的一百多年前，寓居南京的婺源人何震，邀请吴派篆刻祖师文彭到了清华。清华“东端有关圣庙、五显庙、文昌阁和万年台（戏台）；西端有文昌阁、周宣灵王庙、张帝庙和关帝庙”（《清华胡氏仁德堂世谱》）。周边有“茱岭屯云”、“藻潭浸月”、“花坞春游”、“寨山耸翠”、“东园曙色”等八景，都没有激起文彭的游兴，师生乘竹筏逆流而上，碧波潋滟的河流，连绵的笔架山，还有周边的庙宇、村落、木桥，仿佛向他们打开了一幅美丽的山水画卷。文彭情不自禁地赞叹：

"此乃小西湖！"并欣然在临水的卧牛石背上写下"小西湖"三个大字。字是篆体，每个有一平方米左右，笔画圆转，纯净简约。在双河边，济祥和尚与胡永班是听着何震、文彭游"小西湖"的故事长大的，少年时还按捺不住心中的激动，常去卧牛石背游览嬉戏，想沾染文彭、何震的灵气。清嘉庆二十二年（1817），婺源知县觉罗长庚（满人）路过彩虹桥，听说"小西湖"卧牛石背有文彭的题字，就直奔而去，当他看到依稀的字迹，立即命令手下找人在石壁上依迹临刻，果然笔力遒劲，笔势圆整。

在婺源知县觉罗长庚去"小西湖"之前，清华人胡永焕（1756—1805）写了一首《石桥纳凉杂诗》。宁静的月夜，回到魂牵梦绕的家乡的胡永焕，坐在彩虹桥上纳凉，"小西湖"边的夜色让他有了刹那间的感受："睢阳庙处一灯孤，五老峰前飞夜乌。绝好荷花无一柄，月明空照小西湖。"胡永焕乾隆丁未（1787）会魁，殿试中三甲第八十五名进士。曾历任工部营缮司、清吏司、都水司主事等。夜静语声绝。这样的诗是适合闲读的，胡永焕借助夜景写出了心境。诗里诗外，留给后人一种繁华过后的沉淀，还有梦幻般凄淡的美。所幸的是，强大的时间都没有将这些淹没。

"胜地著华川爱此间长桥卧波五峰立极，治时兴古镇尝当年文彭篆字彦槐对诗。""清景明时彩画辉煌恢古镇，华装淡抹虹桥掩映小西湖。"这两副早年题刻在彩虹桥上的楹联，仿佛是藏在彩虹桥时光深处的记忆。清华人胡崇高，在彩虹桥边住了八十多年，他干过挑夫，任过小学教师，肚子里装着许多有关彩虹桥的故事，让人惋惜的是他在二〇一一年去世了。彩虹桥上，一位中年的男子挑着一担稻谷，迈着沉稳的步子向我迎面走来，一位老妪背着菜篮，弓着身子，步子碎碎的，紧随其后。尘世的气息，在桥头开始苏醒。

四

怎么说呢，夏禹应是我国传说时代与尧、舜齐名的贤圣帝王，但说起他的名字，一些人还是有几分陌生。然而，说夏禹便是治理滔天洪水的大禹，大禹是对夏禹的尊称，有些人就恍然大悟了。禹为了治水，三过家门而不入的故事，不知感动影响了多少代人。

彩虹桥廊亭的神龛内，供有三个神像，中间供奉的就是中国古代治水有功的夏禹。当地人把治水的禹王看作镇水的神仙。廊亭的神龛供奉禹王，是祈望禹王能镇住洪水，保护彩虹桥。而随禹王左右的两位又是谁呢？他们便是建彩虹桥的“募化僧人胡济祥”和“创始理首胡永班”。后人为了世代铭记他们的功德，设神龛树神像以资纪念。神像是泥塑的，描了彩，神态、特征各异，却栩栩如生：大禹手握钢叉，戴着斗笠，似是风尘仆仆地刚从治水现场归来，他的面目神态从传说中的神还原到了人；而胡永班一只手拿着卷起的图纸，一只手摆过身后，双脚也迈得一前一后，呈现步行的姿势；济祥和尚则是立定的，慈悲、祥和，单掌执于胸前，仿佛在募化施礼。

这是后人对济祥和尚、胡永班内心情感的一种表达，亦是对他们最高的褒奖与礼遇。一个修行者，不正是期望修出这样的正果吗？

——只有种下善因，积德行善，才能修得正果。

“生活是最本真的修行，修炼是无须讲求形式的。时空中无处不教堂，无处不佛堂，无处不天堂，也无处不地狱。”与我同龄的作家李二和在《流浪的梦》中如是说。

心既是佛，佛在心中。济祥和尚没有把自己捆绑在烦琐的宗教仪式上，他随缘度众，普度众生。一个在路上心怀大众的修行者，他把善良和福祉留给人间，没有理由不成为大德高僧——彩虹桥廊亭的神龛内，济祥和尚与胡永班的神像，一左一右地伴着禹王，俨然如禹王的左膀右臂。我再次向神像行注目礼的时候，总觉得他们三个人都没有走远。

风过无痕。风，带走了什么，又留下了什么？

通途

——桥上的人脉与跫音

一

天上下着丝丝的小雨，像对春节的无限眷恋，一天天地不舍离去。此起彼伏的鞭炮，在游山村一户人家门口炸响，湿漉漉的街巷留下了一地的碎红。古旧的大门上，一副“惟有薄奁遗爱女，愧无美酒待高朋”的嫁女联，谦逊而喜气。饭甑中蓬勃的豆芽，木盒中鲜嫩的豆腐，菜篮中的香菇、木耳，以及挂在竹叉竹竿上的鳙鱼、猪肉，集结在庭院中预备一场农家的婚宴……我在儒林桥与提着喜篮的老妪擦肩而过，走到老店铺“永兴号”的门口，依然听得到“天地炮”呼啸在深巷的天空中，向村庄传递着贺喜的讯息。

在游山建村一千多年的时光中，我抵达镇头游山的这一天，只是正月过后一个日子的连缀。我无法考证从游山始迁祖董知仁开始，村庄曾迎来又送走多少个婚嫁的黄道吉日，但有一点是可以肯定的，正是这样一个又一个连缀的吉日，成就了游山为婺源最大的村庄。如果把“千烟之村”游山还原到千百年前，我更喜欢“凤游山”的村名，“彩凤东游而得名凤游”的传说，从唐代开始，不知曾引发多少游山后人的遐想。我没有机会看到游山村董氏宗谱，很难说出“彩凤东游”传说的出处，却在破朽的，堆满杉树、毛竹，以及风车、独轮车、禾戽的董氏宗祠，找到了游山村世代相传的美丽符号：正梁上“百鸟朝凤”的雕刻，惟妙惟肖。

初春的日子，山环水绕的游山村依然有几分寒意。有村干部的热心，一杯绿茶，一捧花生瓜子，外加游山村的人文典故，我与董盛光、董秀善、董容春等几位老人，在村委会的楼上就有了绵延的话题。村里的老人说，游山村是知仁公在宋初从德兴海口迁入建村。村里最早建的桥是西头的“儒林桥”。儒林桥是开村始祖知仁公建的（后裔孙董齐曾重建），有两座石墩，九块长条青石铺成桥面。“题柱桥”是有典故的，相传司马相如小时家里很穷，可他读书却很用功，结果还是不如人意，屡试不中。有一天，他过沙河一座桥时当众发誓，今后如不高车驷马决不过此桥。后来，司马相如深得汉武帝刘彻赏识。他复过此桥时，给此桥取名为题柱桥。明朝时，游山村在函谷亭边建了一座石拱桥，也取名题柱桥，目的是希望村里有人像司马相如那样刻苦勤奋，有朝一日能够光宗耀祖。按游山村的习俗，村中婚嫁迎娶都必须经过题柱桥。送亲队伍到桥头的时候，燃放三个“天地炮”，在桥另一端等候的迎亲队伍方可过桥迎娶。题柱桥边的“函谷”村门，也是取自于“老子过函谷关而得道”的典故。董盛光老人退休前在乡村当过老师，热衷乡村文化，我第一次在他那里看到了婺源版本的《农业杂字》、《乡音字典》（手抄本）。

我借用当地一句“秀才难认木匠字，神仙难看锣鼓经”的俗话，来形容自己当时对游山村庄布局的认识最为确切了。老人们你一言我一语争相铺展着村庄奇特的布局：游山村呈太极形，南北两岸人家稠密，穿村而过的濬源河，由九条从石罅中不息淌出的涧水汇入而成，隐喻为“九龙下海”。濬源河上，横卧两岸的石板桥数座，有着江南水乡的意蕴。

辞别村里的老人，村委会门口一个刻有“嘉庆戊午贡元”的旗杆石，向我进一步证明了游山村历史上文风的鼎盛：董安、董初、董宁、董节、董骞等八人，分别在宋代、明代高中进士，为游山赢得了“儒林”的美誉。沿着S形的濬源河而下，石拱的题柱桥与重檐歇山式的村门楼是最为醒目的建筑：题柱桥建于明朝万历二十七年（1599），青石砌的桥身，木头建的亭廊，以及廊顶鳞瓦叠起，古朴、壮观，亭廊内“村大龙尤大隐隐稠密人烟，桥高亭更高重重频生财气（横批：桥高亭凉）”、“登高桥远眺儒林赞扬先辈，站幽谷遐思文笔羡慕前徽（横批：风景可观）”的楹联，对村庄的历史人文进行了全面观照；村门楼为单开间，重檐歇山，描了彩绘，拱门上有“函谷”的题额，古旧而斑驳。伫立桥上，我虽然看不到古时游山村作为通往景德镇、乐平的交通要道，六百米水街两边商铺林立，商客摩肩接踵的繁华景象，却看到了游山村灵动的部分，水面上荡漾着鳞次栉比的古民居与村妇河埠浣洗的倒影。

题柱桥两头的青石板路，泛着时间的亚光和衔着水泥的补痕。沿溪一家一户的门口，大红的春联用简洁的语言，写着一家一户新年的祈愿。路亭处，有便民小店，有嬉闹的稚童，有聚拢打牌的青年，有闲聊的老人，依次向我打开一幅古旧村落村民悠闲的生活画卷：“大会场”前的土坦上，码起的红砖，堆起的砂石，时刻在等候主人的运筹帷幄；斑驳的墙体上，一张红纸公告“元宵庆龙”的收支明细账还未褪色；与之隔溪的铁匠铺，炉火却冷了，已失去了叮叮当当的声响……过儒林桥，走“金钱街”，穿“店铺巷”，游山村人熟视无睹的“喜会堂”、“光裕堂”、“崇义堂”、“继思堂”、“贞训堂”，以及“忆旧客栈”、“会宾楼”、“寿星居”、“连枝楼”、“绣楼”等，以文化的多元、曾经的富足、历史的凝重，甚至守拙与败落诱惑着我，个中蕴藏的不仅有游山村的人文脉络、信仰崇拜、商旅履痕，还有其主人生命的起始与终结。所有这些，都像“彩凤东游”的传说一样，在今天衍化成了游山村的一个符号。游山村先人心底的波澜已经远去，高昂飞翘的檐头，梁窗上的雕饰，还有横跨于溪流之上的廊桥，都成了一个聚族而居的氏族辉煌历史的见证。

雨雾中，我再回到村口，从题柱桥顺流而下，依次看到了建于明清时期的“中间水碓桥”、“庆远桥”、“环溪桥”、“茂林桥”。与这些桥相连的，是青石板路、耕地，以及山丘和杂木林。游山的每一座桥，都是村庄故事的一个章节，故事在延续，而我却被故事留存的时空所牵引，沉醉在漫长历史的时光镜像。于是，我恍若看到了游山人千百年在桥上走过的身影……

濬源河河边的古樟下，一头耕牛带着两只牛犊在坡地上慢悠悠地啃着荒草，它们的鼻子应该闻到春天的气息了吧！走过茂林桥，雨丝缠绵，前方古道蜿蜒，山脉起伏。

二

公路前些年通到了篁村，却只与村口擦了个边，从村后绕过去了，丝毫没有影响村庄的格局。村口樟树、枫树、槠树高耸，青石小径随篁溪蜿蜒，大夫桥架在篁溪之上。桥廊古旧，瓦顶失修，有雨水渗过的漏痕，木质的桥板、桥凳、桥柱，沧桑、古朴，裸露着时间的斑纹。有清幽的小溪、上了年纪的老树，还有泛着亚光的石板路衬着，大夫桥给人的感觉不是一般的好。

“廊引篁溪水，桥渡有缘人。”在大夫桥的竖联里，有环境的使然，有人的祈愿。尤其是桥两端门额上分别题有的“凤鸣篁墅”、“鹤和松林”横联，简洁、凝练，油然而生一份古雅。大夫桥始建于宋代，后来经过多次修葺，桥的一头连着进篁村的石板路，另一头则是通往清华方向的古道，向着山地、田野，以及山的腹地延伸。绿荫蓊郁，石板路在视线中消隐，在这样的桥上，我谛听着篁村人遥远的跫音。

相传，篁村人是秦桧的后代。秦桧死后，他的后人为了免受株连，改姓隐名，去了秦字头，全村都姓余。之所以取名篁村，还藏着秦桧的贼心，想称帝又不敢，生生把“皇”字头上加了个竹字头，掩人耳目。这或许是一个历史的玩笑，抑或外姓人对篁村的妒意，让篁村人背负了秦桧的骂名。其实篁村的记忆是从九百八十多年前开始的，读书人余道潜从安徽桐城过吴楚分源的浙岭，蓦然看到沱川一片茂林修竹的幽境，便悠然其中乐不知返了。唐代诗人王维“独坐幽篁里，弹琴复长啸。深林人不知，明月来相照”的绝句，正好应合了余道潜身处的境遇，他沿着王维《竹里馆》的诗意，就有了篁村村名的由来。

余道潜，字希隐，宋雍熙进士智孙，舒城宰永锡子。宋政和八年（1118）与理学家朱熹的父亲朱松是同科进士，博览群书，精于天文、地理。他到篁村之前，还是浙江桐庐县的主簿，因不愿与奸臣朱勔同流合污，盘剥百姓，选择了云游归隐。“精神秋水也，莹澈清滟；心胸开豁也，江淮济读；忠以事君也，诚一不二；谨以抚下也，事毫不苟。噫！宜其德光于前，至今后裔能不固守。”这是余道潜辞世后，朱熹专为他的画像题赞。篁村村口树龄八百多年的倒插罗汉松，就是余道潜建村“植树定基”的佐证。罗汉松生长在村前土坦上，枝叶茂密，外形呈伞状，主干直径有一点五米左右，苍劲、虬盘，酷似无数根茎抱团而成。

“于无字处读文，于无笔墨处看画。”余道潜骨子里是文人墨客的境界，篁村村前对着的是笔架山，村前挖一半月池为砚池，以开垦叠起的田畈为纸，植下一株红豆杉为如椽巨笔，文房四宝一应俱全，村中房舍纵横，形成了一篇字字珠玑的文章。让山水人文相通，自然就有了诗画的意境，就有了村庄的经典。我去篁村，正值桃李次第开花的雨日，在村中退休老师余松茂的引领下，仿佛走进了杜牧“远上寒山石径斜，白云生处有人家”的《山外》，远山、田园、村落，沉浸在缥缈的雨雾之中。徜徉水口，世间的尘嚣在瞬间消失了，只有意境的高古、满目的春色、潺潺的水声，还有鸟儿此起彼伏的鸣唱。篁溪河上，古樟树下，大夫桥虽经九百多年风雨的洵洗，却依然呈现着古朴的原始风貌。建桥纪念考取功名的进士已经隐匿了身影，而“十户之村，不废诵读”的读书风气依然浓郁，廊桥上的楹联依然醒目。

“面前有案值千金，远喜齐眉近应心。”（明代刘基《堪舆漫兴》）在篁村建设过程中，余道潜及其后人对传统风水学应用得淋漓尽致，让余氏宗祠正对“笔架山”，笔架山也就成了篁村的案山。余氏宗祠又名“余庆堂”，建于明代永乐年间，建筑坐北朝南，南北长三十三点六米，东西宽十三米，内分前后堂，有五门出入。“五凤楼”的门楼古朴典雅，气势非凡。皇上旌表篁村人读书功名的“钦点翰林”镏金匾额，虽然已成为一个久远的记忆，但门楼正中横书“始基甲第”的浮雕大字，以及上下左右凤、鹤、麒麟、莲花等砖雕图案，仍然清晰。除余氏宗祠之外，篁村现存“正中堂”、“祥流屋”、“翰林院”等明清建筑三十多幢，这些建筑，不仅成为了一种时光的凝固，还有一种皈依家园的雕塑。

“人物思三代，文章祖六经”、“兄弟文武登科”、“金殿传胪”……这是篁村发达的文脉，带给篁村历史上的荣光。篁村人余棐嘉靖二年（1523）考取进士，才情横溢。据说本有状元之才，因对出当朝重臣“千里来龙归大畈”的下联“一堂山水养沱川”而遭妒，才使他与状元擦肩而过。如今，婺源民间还流传“余棐不元世不元”的传说。篁村人余煌，字汉卿，号星川，一七九八年中举，清代天文学家。他精于天文历算，尝预推一八一四年以后十年日月交食，分秒时刻皆准。“家园遥隔路三千，两字平安寄锦笺。但恐秋风南去雁，到来还让梦魂先。”这是余煌对思乡之情的倾诉，他在晚年的时候，选择了隐居村里著述，著有《二十星距离》、《勾股晷度》、《日星测时新表》、《天官考异》、《弧角简法》、《勾股三角八线纂要》、《读书度圆记》等著作数十种。他们像村前半月形的砚池一样，都是注入篁村的文脉清流，给篁村的后人源源不绝的滋养。

无论是走到篁村水口赏大夫桥，还是行至篁村村尾一路看民居，篁村的建筑呈现给我的都是时间淘洗的颜色，感觉有一种黑白沉淀的深邃。淡暗与斑驳，是篁村在岁月嬗递中迟暮寂寞的表情，然而，其中隐藏的历史符号与民间文化意象，却成了我走进篁村苦苦的寻访与久久的期盼。古时，在大夫桥上游河面上还有一座结构样式相同的廊桥（桥两端门额上分别题有“翰林风月”、“福地烟霞”的横联），“双桥锁月”的景观，曾在篁村村口鲜活了数百年。相望的双桥，让时间渗透的力量压垮了一座，但蕴含千百年文化意境所散发的人文气息，带给村庄宗族的荣耀，宛如山中的雾霭，仍然经年在篁村的记忆中弥漫缭绕着。依然从大夫桥出发，当我沿着石板路进村，再次去看村庄的文房四宝式布局时，蓦然发现，篁村的先人在久远的年代里，对文化的崇拜超过了对世俗的神祉崇拜。他们把文化理想建立在了山水田园之上，自然、淡远、安心。

三

仿佛阳光照在理坑鳞次栉比的老屋上打了折扣，陈旧的气息，幽幽地在屋檐下与深巷中弥漫着，沉静、寂然，似是源自斑驳的墙体，抑或灰暗的鳞瓦，又似乎源自泛着一丝油光的青石板地面，久远的亲切中夹着些许的怅然。即便从山涧中欢快地淌出的理源水，流入村中也减了速度，痴迷地恋着岸边的老屋，还有桥上的光景。

理源水的源头在白牛山的深处，而理坑村的源头还在隐居篁村的余道潜。余道潜始迁篁村后，传至第六世余德忱分迁沱川鄣村，传至第十世余景阳择迁沱川理源（理坑）。对余景阳迁居，《沱川余氏宗谱·奠居》留下了这样的记述：余景阳因为父亲余元启“以明经历职池州路判，曾小筑书院于理源”，也就“出居理源之书院”了。余景阳（1337—1408）是余元启的四儿子，他迁居理源建村应是在元末明初了。在婺源村庄的最初花名册中，理坑的村名为“里源”。后来，因村里人崇尚朱子理学，继而出了明代万历工部尚书余懋学、天启吏部尚书余懋衡、崇祯广州知府余自怡、清代顺治司马余维枢等硕儒名臣，康熙年间举人、承德郎余光耿，把理坑的文脉气象进行了总结，为家乡题了一块“理学渊源”的匾额，给后人留下了追随与仰望的高度，村名也由此改为理源了。至于理源俗称理坑，只是婺源人对溪叫坑的口语习惯。婺源人有“山水情结”，村庄依山傍水，叫坑的村庄很多，方言口语说起来顺溜。譬如：李坑、严坑、词坑、臧坑、庐坑、下坑、官坑、大坑、重坑、塔坑、西坑、磻坑、坑口、坑头，等等。理坑村水口的理源桥，由理坑人余移、余相、余楷在明正统时（1436—1449）共建，单孔、石拱，桥上架有五开间的廊亭。桥嵌山口，一如山门；亭为封檐建筑，粉墙黛瓦；桥亭合一，像一座屏风遮挡着村口，背后的村庄便有了许许多多的稳秘。桥亭门额上“山中邹鲁”、“理学渊源”、“闳开阀阅”、“笔峰兆汉”的题字，既是理坑的标识，亦是理坑内涵的表达，给每一个抵达理坑村的人，拓宽了更大的想象空间。

在理坑，余懋学、余懋衡等人构筑了村庄清晰的历史背景，甚至是精神背景——

余懋学（1539—1598）字行之，号中宇，婺源沱川人。余懋学隆庆二年（1568）中进士时，已经二十九岁。他为官清廉，官至南京户部右侍郎兼都察院右佥都御史，卒赠工部尚书，《明史·本传》称他“夙以直节著称”。一五六九年，余懋学首任杭州府管刑狱的推官，由于为政勤勉干练，作风雷厉风行，处事果决有如神助，被称颂“断案如神”。后来，升迁南京户部任规谏、稽查六部的给事中。当时，张居正当权，看中了余懋学的办事能力，想纳他为心腹。余懋学不喜欢结党营私，此事也就不了了之。余懋学发现守备太监申信有违法行为，他不避权势上疏论斥，朝廷罢了他的官。余懋学又上疏陈“防奸佞奉承”，惹恼了张居正，他假传圣旨将余懋学削职“永不叙用”。张居正死后，余懋学才得以官复原职。万历十三年(1585),歙人御史江东之、李植等人因争论万历帝建寿宫事被贬,余懋学抗疏为东之等辩解,上言“十蠹”,直指新任首辅申时行。余懋学一生著有《说颐》、《春秋蠡测》、《尚书折衷》、《明代实录》、《南垣疏草》等著作。相传,余懋学在明朝万历年间告老还乡时,神宗皇帝念其“代天巡狩”有功,特从御花池中选出数尾红鲤鱼作为赏赐。于是,余懋学就将红鲤鱼带回了家乡,传入民间进行养殖。水是鱼的天空,也是鱼的地面。告别了御花池的红鲤鱼,在婺源天然优良的水质中,安家繁衍,开始蜕变得千娇百媚:头小尾短、背高体宽,通体红艳而不俗,且泛有鳞鳞金光,有了“雍容华贵之体态,鲜妍吉庆之色彩”。荷包红鲤鱼在婺源民间历来被视为吉祥、喜庆的物种,不仅养在池中作为观赏,而且婚嫁迎娶作为礼品相赠,更是婚嫁、时节宴席上一道必不可少的佳肴。让人啧啧称奇的是,荷包红鲤鱼一旦离开了婺源水系的滋养,外形、颜色、肉质、营养,都会发生变异。于是,荷包红鲤鱼成了婺源特有的优质名贵淡水鱼种。

余懋衡(生卒年均不详)是余懋学的堂弟,字持国,号少原,婺源沱川人,明万历二十年(1592)中进士,先后任永新知县、监察御史、河南道守、大理寺右侍丞、大理寺左少卿、右佥都御史、南京吏部尚书等职,是婺源进入《明史》的人物之一。余懋衡洁己爱民,不畏权势,敢于上疏谏言,屡忤权贵。万历三十四年(1606),余懋衡巡按陕西,发现陕西税监中官梁永(原皇宫御马监监丞）以钦差自居，假借巡视之名，横行四方，劫掠财富，荼毒陕西。梁永将搜刮的金银财宝，以十分之一进贡神宗，十分之九中饱私囊。余懋衡发现后极为愤慨，毅然将梁永奴役百姓、中饱私囊的罪行上奏朝廷，要求严惩不贷。梁永因此对余懋衡怀恨在心，他惧怕恶行暴露，指使亲信乐纲买通余懋衡的司厨，投毒加害余懋衡。由于抢救及时，余懋衡逃过一劫。后来，余懋衡将查获的赃物，以及梁永爪牙的供词，一一呈到神宗面前，神宗无法袒护，不得不下诏撤了梁永官职。不久，余懋衡也丁忧归乡。在升职南京大理寺时，余懋衡从安徽休宁溪口取道回家乡，单枪匹马未带随从，渡船时，由于船工要价太高，他只好以玉扇做抵押才得以脱身。余懋衡由自己而想到百姓过河的困难，立马召集地方官员商榷建桥一事。在他的督促下，历时一年多，终于建成了溪口拦河桥。这座石拱桥历经四百多年，如今仍然横跨在休宁溪口区的河面上。天启元年（1621），余懋衡召起为兵部左侍郎时，宦官魏忠贤的姻亲郭钦，由提督钻营升都督同知，此事被余懋衡驳回。接着，魏忠贤又要求太监的子侄袭锦衣卫，也被他拒绝，因而魏忠贤等人对他非常恼恨。后来，因魏忠贤弄权，他称疾坚卧不出。魏忠贤黜全国书院，于是请赐处分，削夺官职，又回家乡。余懋衡被尊为理学大儒，著有《经翼》、《古方略》、《奏仪》、《明新会志》、《少原语录》、《关中集》、《乾惕斋集》、《涧滨寤语》、《太和轩集》、《沱川乡约书》等著作，他不仅在婺源紫阳书院、福山书院、清华富教堂讲学，还在北京首善书院宣讲朱子理学。余懋衡虽然官至吏部尚书，他在家乡理坑建“天官上卿”府第时，规模却小得可怜，似乎与身份地位不太相衬，占地面积只有一百三十二平方米，还将外墙做成不规整的棱角，寓意自己坎坷不平的一生。

……

理坑的街道，沿溪流两岸而建，俗称水街。溯溪而上，理坑的小溪上有三座桥：一座称百子桥，一座叫天心桥，一座为观音桥。这样的桥，是以公益心和人格力量作支撑的。据年近八旬的余金源老人介绍，这三座桥在清代以前都是木板桥，而改建石桥是得益于村中“凡修桥路义举，靡不乐输”的余圣材，还有“祠宇、桥梁亦输金弗吝”的余于垣。三座石桥的桥长不一，有八米的，也有十米的，桥宽二至四米不等，但全部采用又长又厚的青石板铺架。百子桥青石竖立为墩，其形状似宫中上朝时官员手中拿的朝笏板，寓意理坑是仕宦之村。天心桥青石筑架，却形似一锭倒翻过来的金元宝，寓意村人富足安康。在理坑，民间还有个习俗，村里人娶亲都要走百子桥，寓意家门人丁兴旺，仕途通畅；嫁亲要走天心桥（在当地方言中，“天心”与“添孙”谐音），寓意子孙满堂，富贵盈门。富有“元宝”，贵有“朝笏”，理坑的小溪上有了这两座“富贵双全”的桥，村庄能不“丁财渐旺，人文顿开”、“书香不绝，宦简联芳”吗？而观音桥与蜿蜒的山岭连接，这是村庄通往神秘山野的一条路径。观音菩萨，在民间是慈悲的化身，无形而无所不在。我想，观音桥与百子桥、天心桥一样，应是理坑先人心中的一种信仰与祈愿吧。

石桥枕着溪水，深巷连着民居，拓展了村庄的空间。理坑，在《中国世界文化遗产预备名单》和国家级历史文化名村的名单上，都赫然在列，村中有明清典型的徽派古建筑五十多幢，其中天官上卿第、司马第、云溪别墅、友松祠、福寿堂五处建筑，早在二〇〇六年就被列入了全国重点文物保护单位。对理坑痴迷的，不仅有古建专家，还有一批批背着画板的画家和全国各地美术学院来写生的学生，他们纷纷支起画架，或立，或坐，笔墨写意，水彩流畅，一幅幅古朴恬静、立体斑斓的村景跃然画中。古旧，黯淡，斑驳，雕梁画栋，粉墙黛瓦，是漫漶岁月的景象，是远去时空的呈现，是村庄历史的遗存，还有乡村文明的轨迹。而成畈的田野，一条一垅的菜地，一树树桃花梨花的点缀，还有屋顶鳞瓦上飘散的炊烟，无不散发着人们向往的家园气息。

一条小路，一座桥，串起了婺源乡村的地理。沿着这样的路径走进理坑，我找到了构成村庄最初的纹理，以及村庄恒久的磁力。

四

我去思溪，是一种记忆的温习。若干年前，思溪寂寥的时候，我曾趋之若骛，即便骑自行车，也不忘邀三五好友同行，去思溪深巷感受古村的明清遗风。在不知不觉的年月里，思溪恍若跌入了一种虚妄的梦境，在盛名的躁动下，以裹挟之势导入了天南地北的人流，反而让我有了一种疏离与淡忘。只有泗水河上的通济桥，日复一日地一头连着思溪历史的荣耀，一头连着对外来世俗侵袭的惶惑与迷茫。

思溪在南宋庆元五年（1199），由婺源俞氏十五世祖若圣公建村于水寡若泗的溪旁，原名为泗溪，更名思溪是取鱼（俞）水相依之兆。如果思溪的时光是一种切片，村庄的历史可以从老街深巷、翘角飞檐、石库门枋，以及梁枋、雀替、护净、窗棂，还有隔扇、门楣中得到回放。“鯀公堂”、“庆公堂”、“颐领屋”、“江家厅”、“承裕堂”、“振源堂”、“敬序堂”、“承德堂”、“百寿馆”等，不仅是沉淀思溪厚重的基础，也是构成思溪出色的部分。这是通向思溪的一个遥远的梦境。然而，我多次陪同天南地北的友人去思溪，部分导游半生不熟地挥霍着村庄的话语权，让我尴尬。甚至，她们可以用南腔北调，冠冕堂皇地将村庄的历史前后混淆，抑或将村庄的人物事件进行解体与组合。我的挑剔，是试想让古老的思溪睁开惺忪的眼睛。记得二十世纪八十年代，一家电视台在思溪拍摄过电视连续剧——《聊斋》，让深幽的老巷古宅更增添了神秘诡异的气息。更为蹊跷的是，思溪人在《俞氏宗谱》上找到了村人俞文杰（清代举人）曾为蒲松龄的《聊斋志异》写的跋文——《跋蒲留仙聊斋志异》。

卧波于泗水河上的通济桥，始建于明朝景泰年间（1450—

1456），南北向两跨，长约二十二米，宽不过四米。桥亭为八开间，结构简洁，没有雕饰。当年，思溪人俞宗亨建通济桥时，资金遇到了缺口，他便去邻近的村庄借，让他没有想到的是，邻村人不仅同意借，而且不必归还，条件只有一个——刻碑立名。俞宗亨讲"义举"重"名节"，怕落下思溪人建不起桥的话柄，没有接受邻村人的条件，他自己从骨子里争一口气，历时六年想方设法凑齐银两，完成了通济桥的建造。思溪人从这里出发，开始木商、茶商之旅，最后又回到这里光宗耀祖，在清代就成就了"徽商庄园"。通济桥虽然是用青石砌成船形的桥墩，木椽青瓦结顶，承载着的却不只是过往的人，还有时间与水的分量。古时，桥东墩尾建有河神祠，桥头北岸建有文昌阁、彭王庙、相公庙。河神祠供奉着禹王神位，祠前还有一副"二水对流彭王庙，一桥横托夏禹宫"的楹联，但这些都坍塌散佚了，而留在通济桥燕嘴墩上的经幢（当地人称如来佛柱，上有顶，下有底座，柱身八方出面，七面刻有如来佛像及佛号，一面刻有桥的建造年月，此柱用于趋吉避灾），桥龛中供奉的禹王牌位，刻有"铸九鼎，定神州"的字样，这些都是思溪民间信仰的原点，曾经年像泗水河上的碧波一样荡漾开来。

我每次走在通济桥上，不仅是对视野中思溪山水、田园、村落的一次重温，还是从喝茶聊天的当地老人身上，对思溪人文特质的一种解读与沉浸。通济桥上，摩肩接踵的游人，像泗水河里的鱼群一样穿梭。正当思绪迷途难返的时候，我在桥上邂逅了婺源从事美术教学的石老师，以及青岛大学的钟教授，她俩正以高度写实的面貌，分别在亚麻布上画着泗水河上游与下游的景观。铝管里挤出的颜料，呈五彩之色粘在颜料板上，安静地等待主人的眷顾，她们正在创作的油画作品拴住了我的脚步。在钟老师的画境里，泗水河像一条绿色的飘带，缠绕着河岸，向着远处的山峦蜿蜒而去，一只白鹅在水面上振翅欲飞，颜料的透明性得到充分凸显，色彩明亮，有很强的立体质感。而石老师却把画境定格在泗水河边的残墙老屋，她用颜料的粗糙与灰暗，体现古老建筑沧桑的肌理，从青青的菜园，到斑驳的墙面与开裂的门窗，再到黯淡的屋檐和黛色的鳞瓦，分别用画笔与画刀勾勒和铺展出了画面的色层美，像依次打开的村庄岁月深处的记忆。据石老师介绍说，她这幅作品将补充至《殇》或《似水流年》系列。我虽然没能看到石老师的《殇》或《似水流年》，但可以从主题去想象这两组油画系列的色调与画境。倘若我的理解没有偏差，那将是石老师解读婺源村庄的画语，抑或徽记。

去思溪的次数多了,我与村口开店的“老欣”成了朋友。“老欣”的百货店开在路旁，斜斜地对着通济桥的侧面，一边临着丰盈的泗水河。转下几步石阶，便是河埠，随着村妇洗涮荡开的波纹，是廊桥与老屋的倒影。“老欣”见我对路边乾隆二十五年（1760）立的“重建庙前石磅燕嘴碑记”感兴趣，就上前与我聊了起来。他说,他现在开店的地方,原先是“红庙”的庙基，这块碑是二百多年前建光裕堂坦前桥和庙前石磅时立的，上面刻的都是捐资的人名及数额。许多人走过这里，就直奔通济桥去了，都忽略了石碑的存在，而在二〇〇六年的时候，发生了一件出乎意料的事，广东南雄的俞景辉先生居然在这块碑上发现了他先祖的名字。你不要小看这块碑，俞景辉先生先后六次到婺源寻根问祖，都没有结果，这块碑却让他放下了心头沉重的石头。“老欣”是个有心人，他还在笔记本上记下了俞景辉先生的工作单位、通讯地址和联系电话。他补充道，俞景辉的先祖余士衍，在乾隆年间赴任知县去了广东。

水有源，树有根。寻根问祖，是对宗族血脉的溯源。在以宗族聚居为主的婺源村落，宗谱是记录宗族历史的主要资料。然而，在长期的迁移中，续谱是一件多么艰难的事情。或许，有的人对先祖居住生活过的地方，只从长辈口中听说过，却没有见识过任何的标记。甚至，有的人对此抱着一言难尽的隐痛和一生的遗憾。俞景辉先生是幸运的，他在茫然中找到了归属。在中国传统的宗族观念里，俞景辉先生找到了先祖，他的精神已经还乡。

五

去游汀村的石板路是沿着溪边走的，连着古老的九间桥。朱熹（1130—1200，字元晦，号晦庵，祖籍南宋江南东路徽州府婺源县，世称朱子）当年站在九间桥的桥亭里，汀水溪畔绿荫如盖粉墙黛瓦的村庄是否隐约可见呢？婺源春天的景象生发得快，激荡、酣畅，山野田地一天变一个模样。之所以选择一个春意盎然的日子从九间桥走进游汀，我是想与朱熹八百多年前去拜访张敦颐的日子有个重合。然而，游汀村一路上夹杂着电线杆、蔬菜大棚的田地，自然要比朱熹去的时候少了一份纯粹。朱熹少年得志，十九岁考取进士后（绍兴庚午年，即1150年），便回到婺源故里省亲祭祖。他此次去游汀，完全是一次私访——答谢张敦颐代赎祖田。

张敦颐的家在游汀村，他是绍兴戊午（1138）从九间桥离开村庄考中的进士，年龄比朱熹要长三十多岁。张敦颐在剑州（福建南平）做官，与朱熹的父亲朱松关系很好，经常来往。朱松离开婺源去福建时，因为家境困难，不得不将祖田进行典当，以筹措搬家的费用。朱松去世后，张敦颐回到婺源，出资把朱松典当出去的祖田赎了回来，并写信告诉了朱熹。“建炎庚戌文公生焉。同郡张侯敦颐教授于剑，邀与还徽。而吏部（指朱松）之来闽，质以先业百亩以为资，归则无以为食也。张侯请为赎之，计十年之入，可以当其直，而后以田归朱氏。”（元初虞集《朱氏家庙复田记》）当时，朱熹年少，没有成行。这次去游汀，朱熹是要面谢张敦颐，并将赎回的祖田交付族人，租田的收入用于祖墓祭扫和修缮。百亩祖田的赎金，对于刚刚考中进士的朱熹，应是一笔不小的数目吧。朱熹当时的心情是比较复杂的，甚至有些沉郁，因为，从张敦颐赎回祖田契约的那天起，到他上门答谢已是六年后了。

近三十米长的九间桥，始建于宋代，石拱、木桥亭，历史上经过多次修缮，最近的一次维修已是二十多年前。九间桥下，汀水溪缓缓而淌。汀水溪的外围，便是桐坑畈与连绵的山峦。溪不阔，但澄澈，面对一溪的清幽，我想游汀村名的由来，应与这条清溪有关联吧。从字义上看，“汀”的意思就是水边的平地。从唐代建村开始，游汀就离不开汀水的滋养，地面的平坦、阔大，有“四门”和“六村”（四门即方、胡、张、许四大姓；而六村则指新宅、正坞、洪村、塘下、北楼、焦园），让这里曾经繁栖“千烟之村”。在游汀村，张敦颐与其兄长张敦实〔绍兴乙卯（1135）进士〕有“双贤”之誉，他们留有许多旧事美谈，却没有留下一宅一地。尽管，二十世纪七十年代在游汀张敦颐的墓地出土了青花瓷盖罐、寿山石手镯、砚台等文物精品，仿佛游汀与张敦颐之间却隔着一重荒芜。山边一树树灿烂如雪的野樱桃花，点缀在蜿蜒起伏的绿色中，一畈畈流金涌动的油菜花，向着村庄的方向铺展。我想，朱熹在溪水潺潺的游汀村贴近一片春色时，将闻到怎样轻盈的芬芳？朱熹与张敦颐都是亲山爱水的人，如果他们在一起不吟诗赋词，似乎不合情理，遗憾的是直至今天，我都没有读到他们为游汀村写下的诗赋词章。而朱熹与张敦颐，都是婺源文脉的源流，他们把一生的认知、学识、思想，都写进了自己的著作。在婺源，古代著书最多的当属朱熹（收入《四库全书》四十部），每一部都是理学的浸润与回声，张敦颐则紧随其后（收入《四库全书》三十九部），他的史地杂记《六朝事迹编类》，上溯吴越，下至唐宋，有着较高的历史价值。或许，对于游汀村与村人的记忆，宋朝的人和事都太遥远了，都成了村庄隐匿的密码。朱熹与张敦颐在游汀村的雅集，是被时光带走了吗？

“绿涨平湖水，朱栏跨小桥。午雩千载事，历历在今朝。”朱熹的《咏归桥》，应是他辞别张敦颐归途的吟诵吧。在朱熹人生的旅程里，他只两次回到家乡婺源。朱熹与婺源的有关胜迹标识是朱氏一世祖墓、虹井、廉泉、文公山、文庙、书院，而他去游汀拜访张敦颐，是表达一份藏在心中的情感。春天里，我曾幻想着穿越到他生活的宋代，去感受张敦颐的气度和朱熹的真诚，还有缠绕一起的故土情结。然而，隔着八百多年的时空，我在游汀的九间桥桥头，却与他们一袭长衫的背影擦肩而过。

朱熹再一次回到婺源祭祖扫墓，是二十七年后（1176）的一个春天。以朱熹当时的身份和名望，地方官员、文人雅士还有族亲好友，都纷纷出面热情款待，但大部分都被他谢绝了。婺源县令张汉邀请朱熹为县里师生讲学，他也婉言相辞。朱熹从县城西门出发，过候桥山，走长源、梅家、干田，上了九老芙蓉山扫墓。深山峻岭，山一层层包裹着，水在山的褶皱里汩汩而淌，青石板路随山溪蜿蜒，前方是谜一般的山水风光。“长源十八村”（长源有十八个村庄），“五里六洞桥”（历史上从双龙口到干田芙蓉岭底，五里路上有六座石拱桥），都是朱熹行走路上的标点，但都没有挽留住他。九峰散列叠起的九老芙蓉山，像婺源大地上绽放的一朵巨大的芙蓉，构成了一片超尘净域，透着一种宁静、安详、古典、深邃。朱熹四世祖朱唯甫之妻——程氏豆蔻夫人的墓就在半山中。朱熹在墓周亲手植下了二十四棵杉树，以寄托哀思。树形的分布为八卦形，每棵均有卦名。这不是冥冥之中的一种巧合，而是朱熹对这方山水的一种感恩，一种朱熹客观唯心的注脚。从儒学思想某种程度上讲，朱熹手植的杉树，不是植在山上，而是植在了人们精神的深处。或许是惧于朱熹的圣贤之名，抑或是受朱熹忠孝仁义的感化，九老芙蓉山就有了朱熹的名号——文公山。从此，文公山成了婺源的一方禁山——"枯枝败叶，不得挪动"。

从九老芙蓉山回来，朱熹寄居在城郊文友汪清卿家中，为学生讲学，收滕氏兄弟为徒。他脍炙人口的名诗——"半亩方塘一鉴开，天光云影共徘徊；问渠那得清如许？为有源头活水来。"——《观书有感》，就是在游览源头村朱绯塘脱口而出的。后来，朱熹一直怀揣着再回婺源的念想，但都未能如愿。

"故家归来云树长，向来辛苦梦家乡。""此夕情无限，故园何日归？"侨寓他乡的朱熹，内心永远有一份情感温润着，那就是家园乡土。婺源的河流与河流上的桥，都在宁静地等待，等待一位游子魂归故里……

八百三十七年后的一个春日，我与庞培、庆华兄循着朱熹的足迹，从城西走长源，在干田村的祈福桥上芙蓉岭，又一次与朱熹一袭长衫的背影擦肩而过。芙蓉岭底的文墨泉清澈，岭上的青石板上长了绿绿的苔藓，千里香逸着暗香，杜鹃花绽放枝头，万木葱茏，一片新绿，到处弥漫着春天生发的气息。拾阶而上，翻过岭脊，转到山腰，朱熹手植的杉树还有十六棵赫然在目。一个人的旅途可以重走，而一个人内心的旅途可以复原吗？

六

诗春的村名，来自唐代诗人杨巨源的诗境，那“诗家清景在新春，绿柳才黄半未匀。若待上林花似锦，出门俱是看花人”的诗意，依然在诗春的山地田野绵延，依然在诗春的里山坞溪流淌。露珠的，嫩绿的，生发的，蓬勃的，绽放的。诗春的山地田野，春天是如此贴近，如此真切。

南宋时，诗春的始迁祖施仲敏，是从长林、岩下、麻榨坞这样的路径走进诗春的，还是从甲路、天井源、南源一路走进诗春的呢？他伫立天马山下踌躇满志，看到大安里下小坑和十亩丘的春景，正合了随口背诵的诗境吗？春风里，我沿诗春桥的青石板路，走到里山坞溪的钟秀桥，努力感受诗春数百年前的信息。诗春、坑头、理坑、大畈，誉为婺源四大名村是实至名归。相传在元朝至顺年间，诗春就有了“文武世家”的御封。

允洽堂、达原书屋、一诚书屋、清涟馆、凌云馆、甲泉居、印泉居、孝子坊、双孝坊、节妇坊，还有许多的亭院，都是诗春的底气。而接通诗春底气的，是村里的十七座古桥：钟秀桥、接龙桥、慈母桥、永思桥、诗春桥、小溪桥、迎恩桥、永济桥、报本桥、忠桥、春桂桥、长乐桥、常安寺桥、奉母桥、三义桥、三和桥、大安桥。一个村庄，十七座古桥，平板的，石拱的，一座座都是诗春诗意的符号。

钟秀桥可以称得上诗春古桥的名片。钟秀桥虽然只有一拱，一头倚着天马山，一头连着青石板路，跨度也只有三四米的样子，却券砌得平整而细密。桥拱由二十六块青石砌成，桥额上还刻有“钟秀”与“清道光年建”的字样。钟秀桥的桥亭别出心裁，亭的长度几乎是拱桥的一倍，桥亭为二开间，木柱、粉墙、鳞瓦、格窗，柱和梁都朽得厉害，梁托上还有花纹雕饰。桥亭与路呈十字形，通路的一间高于路面三级台阶，靠山的里间又高于外间一级台阶。临桥的山体，植物丰盛繁密，有红豆杉、槠树、栎树、檵木、黄荆等。一根藤蔓的枝头攀缘砖墙，伸进了格窗里。如果站在桥门洞口，一眼可以看到高耸的水口林。在施启东老人的记忆里，相传钟秀桥是清代时村里一位叫施金仙的人建的。施金仙娶亲时，突发山洪，迎亲队伍无法从木桥上经过，他便立誓要建一座石拱桥。施金仙中举后没有失言，建起了钟秀桥。钟秀桥的桥亭早年是有人烧水施茶的，进出诗春的人都可以坐下喝茶歇息。在他迷蒙的眼里，村里有那么多的桥，要讲起桥的故事，恐怕一昼夜也讲不完。我相信，每一个走进钟秀桥桥亭的人，心里都会像我一样自然生起无限的遐想。

就像一个故事的开头，钟秀桥算是古时进入诗春的起始吧。一路上，还原故事场景的依次是石拱桥、牌坊、半月池、水井、祠堂、民居。时光，像潮水一样退去。永济桥在十亩畈前，明代时施普章建桥后，自号“济桥主人”，并把号刻在了桥上。桥头高耸入云的枫树还是原来的枫树，枯叶落了腐了，新叶又发，而横跨溪流之上的永济桥，却是他的族孙施圭锡重建的了。裸露在村前土坦上的，是一尊尊的旗杆石。冷清的商店门口，一位老人坐在阳光下瞌睡。一位老妪一步一喘，慢吞吞地走进了深巷。一只黄狗摇着尾巴，紧随其后。这是一个周末的上午，村庄前的田野是属于村里“小把戏”（小孩）的。田埂上，有三四个“小把戏”在追逐，距离虽然有些远，但我依然能够感受到他们银铃般的嬉笑。刹那间，他们在盛开的油菜花田里失去了踪影……是对诗春的安宁沉浸，让我流连忘返吗？我不知道，从远处大安桥的水泥公路上奔驰而来的汽车，会不会打扰诗春的恬静？

长梅坞坞口的石拱桥，应是诗春的十七座古桥之一吧。路上碰不到行人，桥名也就很难对号入座了。长梅坞深幽、荒芜。十五里左右的山路，必须走过一段段的田埂，荆棘缠身的荒径，潺潺的涧水，以及蜿蜒的山岭。坞底，是退耕还林种的杨树、枫树，长得有些潦草。路很窄，有的地段还失去了路径。这样的山坞，野鸡很多，时不时有野鸡噗噗地飞出。想必是我们的脚步声惊扰了它们。在杂草葳蕤树木茂盛的春天，徒步翻山越岭，是要有毅力和胆气的。长梅山山顶的中岭亭，仿佛是清华诗春村与古坦菱河村的分界标志。青石块垒砌的中岭亭，十分简洁，亭顶人字披盖瓦，山岭从亭中而过，嵌在亭壁上还有一块封禁山林的石碑。穿过密林、竹林，绕过茶地，就进入了洪中岭下的菱河村。菱河村村口的石拱桥桥头，一位村妇坐在树荫下削伞骨，一刳一錾，篾刀在竹片的两面削过，轻巧、娴熟、生动。一径往前走，便是菱河村水口，香樟遮蔽，河畔桃花李花点点，木桥横跨，仿佛进入了“小桥流水穿幽壑，古木修篁蔽太空”之境。菱河的远处，一丘一畈的油菜花，像阳光点燃的金色烈焰，汹涌、热烈。菱，又称芰实，一种水生草本植物，在古代最早的词典《尔雅》中就有过注释。这种南方的草本植物，经年温暖过人们的胃。菱河村是以种菱而得名的，菱是一种渊源。春风习习，吹皱了木桥下一湾河水，没有菱影的河面，清澈、迷离、曼妙，漂着星星点点的李花花瓣。桥影、树影、花影，还有天光云影一起散在河面上，呈现一种无法言喻的美。木桥连接的菱河，它的流向决定了我徒步访桥的走向。我循着河流水系前行，期待一条河抑或一座桥，都能够给我新的认知和感悟。

春天，站在菱河边桥头，闻着大地的气息与草木的花香，我心中突然有一种幸福感。置身于村庄山水，幸福是私人化的吗？不尽然。

七

石拱桥与村庄的水口，称得上天然并联，原始、古朴、融合，往往桥、溪流与参天的大树一起，成为婺源村庄水口的标志与象征。在婺源的古村落中，思口的西源一带并不显眼，而村庄水口与古桥的存量，却足可以让每一位踏访的人发出感叹。从坑口村水口的显荣桥开始，到下门村水口的集禧桥，再转至新碓石峡林的光裕桥，十六座古桥的建筑年代跨越了明清两个朝代。

三月春光遍野，一路花海。葱郁的山峦新绿初展，金黄的油菜花层层叠起，粉红的桃花、雪白的梨花点缀其中，还有缓缓而淌的溪水映衬着，清新、明媚，真的美得令人咋舌。油菜花的香味若有若无，似乎还夹着一丝甜味，村庄呢，被花海簇拥着，古民居的边上已有了新筑的楼房，公路也铺上了水泥路，只有水口的石拱桥依然是一副与世无争的样子。一路上，只要有村庄，都会与古桥不期而遇。转眼，恍若陈逸飞与吴冠中的一幅幅画在交替。

太尉庙，既是村名、庙名，又是石拱桥的桥名，我觉得很难理解。太尉的官衔可上溯到秦汉，为正一品。而在偏远的山村，怎么会与太尉有所关联呢？据说，太尉庙供奉的三尊神像是父、子、孙三代太尉，村名也因此而来。石拱桥在庙前，桥名似乎顺理成章了。疑惑的是，婺源村庄为何仅此一村有太尉庙，父、子、孙三代太尉又是何许人呢？历史上,确有“杨氏一门三太尉”——东汉文学家杨修的曾祖父杨秉、祖父杨赐、父杨彪。东汉延熹五年（162）杨秉代刘矩为太尉,熹平五年（176）杨赐官拜太尉,献帝时杨彪授太尉之职。那遥远的年月，杨氏与此地有何勾连，又遗存怎样的基因，却不知端倪。在桥前田埂上修石板路的吴锦雄等人，只记得太尉庙、太尉庙公祠在一九七二年的一场风灾中倒塌，还有周边的王家、单家、陈家、侯家祖上的兴旺，其他的是一片盲区。或许,村庄的背景真的被岁月的尘土掩盖了。当我用镜头聚焦桥额时，终于看清了村民称了经年的太尉庙桥的初名——永济桥。

“五桥一漳村”的说法，在西源民间传说了很多年。然而，我走了几个村，都没有人能够说出具体是哪五座古桥。在何家村水口拍摄遗德桥时，村里人告诉我何小牛老人可能知道些眉目。当我赶到他家时，老伴说他去下汪村做纸货了。何小牛老人很可爱，一包“普金”（软盒金圣烟）插在中山装上口袋，露出一大截，耳朵上还夹支香烟，讲话自顾自的，绘声绘色。他说自己是南唐何令通的后裔。何令通是著名的堪舆大师，因得罪皇帝遭贬至海宁县（今安徽休宁县）县令，晚年隐居婺源。先祖从江湾何田坑迁至何家村，算起来，他是村里何氏三十五代裔孙。何小牛老人虽然八十有三，但说话听话都不迟缓，记忆力也好。在下汪村，老人谈起“五桥一漳村”时说，漳村王益政做木材生意发了财，他到西源做善事，在何家建了遗德桥，在高枧段建了瑞虹桥，在宋家呈建了樟树桥，在洪家建了利济桥，在锁口潭建了通津桥。据对地方文化颇有研究的朱德馨老师说，“王益政”是漳村的一个堂名（益政堂），而不是某一个人，漳村临河的老屋巷头还存有“益政角”的地名。传说益政堂的王启仁做木材生意挣了大钱，做公益事业也不含糊，从浙岭去安徽，甚至到江苏常州市的七十二座石亭，都是他捐资修建的。

我和何小牛老人见面的地方，是在下汪村祠堂门口的石桥上，隔着砖墙，我听到祠堂里大法师父（道士）摇着铜铃念念有词，在为一位逝去的长者超度亡灵。

锁口潭的通津桥，像一枚巨大的扣子，锁紧了东、西迤逦而出的两条源，然后，慢慢地打开，一如叶脉般伸展。通津桥建于清顺治年间，桥边建有晏公庙。通津桥头，有禾杆城（稻草垛）、古樟，走过通津桥，意味前方四通八达了。而晏公庙呢，应是村里人精神取暖的地方吧——人在孤立无援的时候，内心需要安抚庇护，而此刻自然就想到了无处不在的神灵。庙是一九九五年信弟众人重修的，香案上香炉周围摆满了烛台，龛中神像彩塑，庙门口成了简易的路亭。在村里人心目中，庙的深度与桥的弧度又藏有怎样的信仰和平衡呢？谁又说得清楚，让香火不断的，是神灵还是芸芸众生呢？

西源村九里岚培十三弯，分别与秋口梓槎、浙源沱口、清华大坞交界。过了锁口潭通津桥往源里走，在宝宝亭的位置，仿佛树上开了杈，东源方向是宋家呈、汪坑；西源方向是新碓、茅山店、新岭下。如同树杈的山嘴上，坐落着西源小学，源里村庄读一至三年级的学生都集中在这里上课。他们背着书包与饭盒，一年四季走读，村庄水口的桥，对学生与家长意味着什么呢？学校的边上，就是茂密的石峡林与古朴的光裕桥，有鸟儿在树梢上自由自在地歌唱。那个追着风跑的孩子，在桥头消失了，桥上空荡荡的，但桥在，青石板路是苏醒的。在我的眼里，桥的生动莫过于“小把戏”（小孩）在桥上的奔跑，还有村民牵着牛从桥上悠悠而行。走村翻山，徒步二十多里，我记住了升平桥、存济桥、集禧桥、东源桥、永福桥、集福桥、福禄桥，记住了宝宝亭、怡心亭、清风亭、社公祠，还记住了挂牌保护的红豆杉、枫香、香樟、香槠，以及经幢、路碑、养生碑、孤魂总祭碑……密密麻麻的素材记录本上，有着西源村委会朱德泉向导的一份淳朴与热心。

一个春日的上午，与八十四岁的许德源老人聊王村升平桥，是在他家门口的水泥坦上。老人穿着厚厚的冬衣，一顶皮绒帽把脑袋遮得严严实实，他靠在木椅上，火桶垫着脚，许是身体不适的缘故，讲话有些费力。老人用叙述的方式回忆说，王村升平桥建于乾隆十九年（1754），桥长十六米宽五米的样子。桥上呀，原来有如来柱（经幢）、功德碑，现在还沉在水底，桥上的石栏杆那是相当的完整。靠村庄这边的桥头，有一座关帝庙，一九五五年就倒了。桥的下首，原来还有油榨、水碓、水磨坊，现在都没影了……老人虽然断断续续，但能够清晰地说完这些，是我完全没有想到的，因为，之前听他说这几天脚都挪不动，脑袋里空得很。看来，老人的眼里虽然有一团雾，甚至有些呆滞，但内心还是藏着一座桥的。

是谁，又在什么年月把升平桥的如来柱和功德碑沉入水底的呢？老人一脸的倦怠，记忆似乎发生了短路，摇了摇头算是回答。我察觉他的表情里，有迷茫，还有不甘。

升平桥倒是没有修葺过的痕迹，大体还算完整，只是桥面上覆了水泥，桥头边筑了几个水泥墩。远远看去，升平桥古樟遮蔽，阳光透过叶缝泻在桥面水面上，斑斓、祥和，加上水面上游弋的鸭子，河埠上洗衣的村妇，形如妙构，透着一种古意的美。或许，这正是沉在水底功德碑上的那些人想营建和所向往的吧。

显荣桥跨于坑口村水口的枫树潭，拐弯出口便是交汇的清华水。相传，明代学者俞绍祉（沱川人）的祖墓就在附近的枧田山外庄，他经常住在守墓的墓屋，来到枫树潭垂钓，便有了《钓鱼台刻石记》、《刻石诗》。痛惜的是，钓鱼台石刻毁于二十世纪九十年代建金竹大桥的一场采石，留给人们的只有一段荒径了。而距此不远的董家坞与麻榨坦之间，成美桥桥头的一块碑记，依然在向过往行人讲述乾隆三十一年（1766）新源村俞姓同宗添彩翁夫人出资建桥的故事。成美桥始建于清康熙四十二年（1703），时隔六十三年被洪水冲毁，村民望河兴叹十二年之久。成美桥是乐意做善事的众人建桥在先，添彩翁夫人从他们手中接过了接力棒。如果我们要用意义去衡量，她真的做了一件成人之美的好事。

> 成美桥创自康熙四十二年，乾隆丙戌被溪涨冲圮，往来病涉十有二秋。丁酉岁新源添彩宗翁德配金孺人过而有感，欣然解橐，召匠兴工。新其石，坚其砥，格局弥高。从兹春涨弥漫，行旅喜无临流之叹，远近常赖普渡之功。昔也众信成美于前，于今也独力成美于后。爰志福缘，永庆不朽。（俞仰之、俞广仁《成美桥碑记》）

只要有心，心灵的微光无处不在。

八

像时空的穿越，景婺黄高速公路的高架桥，凌空于上溪村与塔岭之间。桥上，有车在奔驶；桥下，长与方不规整的田地间，有一条简易的砂子路，路旁有合福高铁砂石的料场、露天的材料仓库。一捆一垒的钢筋、钢管，网格布包扎的履带，一堆一堆地拥在一起，似乎在寻找与等待自己的归属。这样的场景，分布在村边田野，与墙体斑驳的老屋，一丘丘油菜花的烈焰，以及悠闲吃草的耕牛一起，给人一种突兀割裂的感觉，恍惚之间隔着数百年的时差。

上溪村和下溪村相隔仅有三华里左右，原本是一个祖先分迁的两个村落。上溪村肇基于宋淳熙间（1174—1189），因为建村于婺东北溪水源头，所以古称“上溪源”。上溪村先人建造的毓秀桥、文昌阁，只有在光绪版的《婺源县志》中才能够见到踪迹了。村庄枕山面水，呈扇形布局，古民居错落有致，二十一条巷道纵横其中。明代易学家程汝继是上溪村的代表人物之一，他从小聪慧，少年时读书过目不忘，笔力惊人，明万历辛丑（1601）中进士，初授余杭知县，后任南京刑部郎中，官至袁州知府。程汝继一生博览群书，辑撰有《周易宗义》十二卷及《周易疏义》四卷，其中《周易宗易》十二卷被收进《四库全书》集部,《周易疏义》四卷收入清代《续修四库全书》。他的诗集结集时(《后醒子诗奉》)，冯梦龙等人还为其作序写跋。现代的有中医学家程门雪（1902—1972），他一生致力于中医临床和教学工作，对伤寒、温病学说有深厚的理论造诣，善用复方多法治疗热病和疑难杂症，著有《伤寒论歌诀》、《金匮篇解》、《未刻本叶氏医案校注》、《叶案存真评注》、《藏心方》、《女科歌诀》等。

塔岭，僻远、隐秘，自古是进出婺源的五条通道之一。五岭分别是如今在安徽休宁县境内的新岭，还有婺源境内的羊斗岭、塔岭、对镜岭与芙蓉岭。“山水吾州称绝奇，间生杰出当如之。不行天上五岭路，焉识人间二程诗。”早在元代，诗人方回在《寄还程道益道大昆季诗卷》中就提到了五岭。清代经学家、音韵学家、皖派经学创始人江永（婺源人），还将婺东一带的燕子岭、回头岭、谭公岭、对镜岭、芙蓉岭连成一副饶有趣味的地名对子：“燕子回头见洋际，谭公对镜望芙蓉。”沿着青石板砌起的石岭上塔岭，两边依次是茶丛、楑籽树、山竹、野藤、杉树、灌木。令人讶异的是，石壁上野趣天然的“牛鼻”像还没有看到，一匹牛犊竟横在岭上，茫然而无辜的样子，不知它是在寻找草地还是找不到回家的路。我们一行三人，从牛犊眼前或身后绕过，它犹犹豫豫的，一动都不动。在檵木花、萝樱花的芬芳与草木清气混合的气息里，有蜜蜂嗡嗡地在花枝上盘旋，或者穿梭、逗留。灌木丛中，有鸟唧唧地叫着。走过路边的石亭，涧底就有了潺潺的水响，石板路也缓缓地平了，路边野草葳蕤。跨涧的永安桥只有一拱，青石砌成的，规整、平实，石缝里长满了石韦与青藤。紧贴桥边，有一棵不知名的小树，枝头结满了小果。小果青青的，果皮上有一层隐隐的霜白，小巧圆实的样子，甚是惹人喜爱。

青山相峙，涧底幽幽的，一路山光水色。远远地，有一瀑布从山崖上跌落而下，形成粗长的白练，在阳光下如银光闪烁，又如凝滞一般。俗话说，有瀑就有声。然而，我们与山崖上的瀑布相隔的距离实在太远了，只见其景而难闻其声。沿途的山涧，清流见底，经过水的冲刷与荡涤，山涧石床呈现着原始的面目，光洁、圆润，没有丝毫的苔藓。临近公济桥的地方，有一片相对阔些的坡地，中间是涧水，水边有柳，有芭蕉。在柳与芭蕉掩映中，还有一个小木棚。棚是木板与树皮搭成的，看去有些破败了，没有栅栏，木门虚掩着，门内仿佛有关不住的古意。木棚四周草木葱茏，清雅幽深，枝丫间，有鸟衔着鸟语的灵动。我本想沿着荒芜的小路，去木棚探个究竟的，看到路口有一根干枯的树枝拦着，便打消了念头。木棚的主人在山中，是点瓜、种豆，还是守山、狩猎？我是住在文字里的，而曾经住在木棚里的又是谁呢？

石板路伸了下腰，就有一阵阵隆隆的轰鸣声传来。到了一拱的梯云桥，百丈冲瀑布便一览无余。瀑布源于山涧的水流，从山崖交汇的岩口一泻而下，水流呈扇形散布，急切、汹涌，热烈而饱满。奔泻的水冲入龙潭，似带着水的呼啸之声。扎根于崖缝的檵木、杜鹃，在飘起的水雾中摇曳，找不到静止的机会……从云岭上看身后，满山是生发的绿，仿佛升起爆炸式的绿浪感。云梯依山势而盘旋，一转一折，向着山的深处蜿蜒。青石板的台阶，台阶边的石护栏，对于开山辟路的先人来说，是一个具有历史性的叙事。据传，云岭的路面和石栏杆是上溪村程兆第出资修建的。程兆第的母亲经常去齐云山进香，需要途经此地。程兆第看到此处山坡陡峭，路人难行，便下决心修建梯云桥与云岭。由于修建云岭的工程量大，上溪村蛟池寺僧人诚一也募化出资，才使云岭得已修复。从溪头上溪村到安徽交界的塔岭村，有十里左右青石铺就的驿道，还有七座石拱桥宛如隐形的路标，路依山势，桥随涧跨，把山水与村落景观链接其中。叮叮当当的凿石声，早已远去，山里只有春风还在漫游。伫立梯云桥时，我想即便当地人，也无从知晓个中隐姓埋名的出资建设者有多少。

一路上，路与桥的格局良好，两边长得蓬蓬勃勃的野草并不影响路桥的整洁。明媚的天空，葱茏的草木，苍翠的山谷，清新的气息，以及除了潺潺流水、婉转鸟鸣之外的静寂，还有无人的空旷，都给了我自然纯粹的欣喜。我扯根草枝放在嘴里嚼一嚼，抑或掬一捧涧水而饮，甚至大口大口地呼吸新鲜的空气，完全忘记了时间的存在。在这样的路上，我找到了向往的原生的地带。石拱的园口桥，卧波于双溪合流处，桥的规模大于一路上的石拱桥。据说，过桥随山路翻山而下，走东流岭、对镜岭，可以到达婺源的龙尾砚（歙砚）产地——砚山村。我曾站在砚山村口想象一位姓叶的猎人，在唐开元时的龙尾山山溪捡到第一块砚石的情景，如果换成其他人，会对"美人面，婴儿肤"的龙尾砚石无动于衷吗？"新安出城二百里，走峰奔峦如斗蚊。陆不通车水不舟，步步穿云到龙尾……其间石有产罗纹，眉子金星相间起。居民山下百余家，鲍戴与王相邻里。凿砺磨形如日生，刻骨镂金磨石髓……不轻不燥禀天然，重实温润如君子……不为金玉资天功，时与文章成里美……"遥想江西诗派的鼻祖黄庭坚当年从歙州出发，以一首《砚山行》对龙尾山进行了观照，四十二行的诗境里，有采石制砚的繁盛，有质地的坚润，还有纹理的妍丽。隔着八百多年的时空，我无缘与诗祖擦肩，只好与他相向而行，走进了塔岭的腹地。然而，我之前去砚山村时，比黄庭坚要幸运得多，路不算难走，还走过了村口的复兴桥，而他是“陆不通车水不舟”。黄庭坚远道而来，他不是为了写一首《砚山行》的,而是作为一名官员去督制贡砚。

看到水口高耸繁茂的樟树、枫树、槠树，还有红豆杉，就意味着要进塔坑村了。塔坑建村于明朝末期，先有江姓迁入，继有毕姓迁入。村庄倚山而建，错落有致，中间有一条岩石裸露的水坑。竹与木横在水坑上,就成了晒场。竹盘里,晒着葱菜、水笋、苗笋，竹叉上晒着腊肉、火腿，风中飘逸着浓郁的山村人家的生活气息。我虽然是第一次到塔坑村，但这样远离尘嚣的山村似曾相识，却又无法具体到哪一个村庄。同行的程兆辉，他老家是溪头上溪村，早上动身的时候，他给塔坑的亲戚打过电话，没人接听。在村中石拱桥前，小程和一位姓毕的大爷不约而同地打起招呼。毕大爷虽然叫不出小程的名字，但认得他是村中的亲戚。他热情地说,你们快去,你舅刚从田里看水回来。从塔坑往前走，便是通往安徽的羊半岭了。颇有意味的是，一块民国二十三年九月立的赣皖界碑，躺在塔坑一家村民的门口，成了日常的洗衣板。尽管经过时光浸泡，风雨漂洗，但碑石上的字迹依然清晰。

道法自然。路在延展，桥在连接。我对林木遮蔽的前方，充满期待。

九

从浮溪去洪村的路上，我不由泛起一种特殊的心绪：这个以洪姓聚居的村落，虽然时常有图文讯息进入视野，但对我来说，同宗的洪村只是一种边缘抽象的概念，因为未曾抵达心中，更是一片虚无，却丝毫没有影响旷日持久的向往。

在婺源的村落名册上，洪村以其质朴的名字列于清华的名下，千年积蓄的古意，却尘封在谜一般的山坳里。“泉水潜幽咽，琴鸣乍往还。长风剪不断，还在树枝间。”伫立在洪村村口，听着此起彼伏的蝉鸣，唐代诗人卢仝描写《新蝉》的诗篇，正好契合了我所处的意境——卢仝的诗句不见蝉影，却清新隽永，让人一咏三叹。而展现在我眼前的呢，是山峦的叠翠，民居的栉比，稻田的金黄，还有一脉清溪自西向东流淌，然而，只闻蝉声，却不见蝉影。在桥墩、桥面、桥栏都是青石构成的培源桥前，耸立着一座三楼式砖砌的牌楼，八字墙的拱门上嵌砌着“长寿古里”石匾，以及上方依稀可辨的古代神话中的“魁星点斗”图，八字墙两侧还分别嵌有清嘉庆十五年（1810）刻立的“奉宪养生”和“奉宪永禁赌博”的禁碑。这是洪村久远的记忆符号，是洪村世代相承的一种生态意识和信仰，也是洪村给予进村造访者的第一文化意象。

培源桥最早是座木桥，清乾隆年间（1736—1795）改为石板桥。桥长有七米，宽还不到两米，只有一个桥墩。培源桥有什么含义呢？村里年过九旬的洪树风老人说，不管你外出读书、做官还是做生意，你都是这里培育出来的，家乡是你的源你的根。你从这座桥上走出去，也得从这座桥上走回来，不能遗祖忘宗！

我到洪村是一个夏日的上午，培源桥前的村门牌楼下还存有一片阴凉。牌楼下，三五孩童放下沉重的书包，吆三喝五地在青石板地上打着纸包；四五老妪白发苍苍，有说有笑地在长凳上切着辣椒，菜刀游刃，阳光下的晒盘中已散撒着鲜红的辣椒圈。似曾相识的场景，与我对村庄的记忆缠绕在一起，恍若与我的少年辰光有了某种关联，抑或牵动了我对故乡亲人的情愫。这是村庄，或是记忆的一种迷惑，并在时间与空间中混淆。洪村“长寿古里”的石匾，相当于一种旌表，缘由自清嘉庆年间儒林郎锦文公的九十寿庆。生命是在尘世划过的轨迹，从时间出发，又在时间中退出，寿星锦文公也不例外。培源桥前门楼上“长寿古里”四个字，相传是出席“千叟宴”的锦文公在回乡的时候，乾隆皇帝御笔钦赐的。皇帝的御笔亲书，那就等于是皇恩浩荡的圣旨了。这样的村门，在婺源很难找到第二座。站在培源桥上，我仔细打量着牌楼，还有牌楼下欢快的“小把戏”（小孩）、悠然的老妪，感受着洪村以“长寿古里”和“魁星点斗”为背景，散发出和谐的人文气息。

从培源桥进入村门，转到洪氏宗祠光裕堂巷口，墙上一块嵌立于道光四年（1824）的“公议茶规”碑，给我还原了古时洪村茶市的景象：婺源是中国绿茶之乡，洪村历史上盛产松罗茶。古人有“松罗香气盖龙井”的评价。“远迩争市,价倏翔涌。”(明代冯时可《茶录》)“公议茶规”就是在这样繁荣的背景中产生的，其内容涉及设立公平秤，主持公平买卖，卖方不得与茶客私自交易，买方不得中途毁约等，对“背卖者，查出罚通宵戏一台，银五两入祠”、“决不徇情轻贷”……勒石嵌碑，字字遒劲，洪村的先人在一百多年前就从茶叶的流通管理出发，记录与倡导的却是铭心刻骨的诚信——我读着“公议茶规”，仿佛读着洪村先人的一份心灵契约。

洪村建村于北宋仁宗天圣年间(1023—1031)，始迁祖是洪济。据说洪村的洪姓，是婺源轮溪(大鄣山车田)洪氏始祖延寿的后裔，与宋徽猷阁直学士洪皓、金石学家洪适、钱币学家洪遵、瑞明殿学士洪迈，以及太平天国天王洪秀全均为同宗。当年卜居建村时，洪济在水口种的两棵树——一棵是白果(银杏树)，一棵是香樟——如今依然繁茂，与上保、小源口、杠木坞自然保护区一起，成为洪村的自然景观。洪村水口的居安桥，始建于明正德年间(1506年左右)，桥长十二米，宽四米。桥连着水田与石板路，桥身杂草葳蕤。桥亭建得比较简单，木柱、横梁、鳞瓦，亭的两边虽然堆满了农具、木料，但通道还算畅通。四周起伏的虫鸣鸟叫，让桥身寂静弥漫。据说，在桥头的东面，古时还建有“褒善祠”。或许,洪村的“寿星”、举人、茶商、村民，都会给居安桥的建造和修葺列出许许多多的理由，也衍生了其他的一些说法，然而，历史只是一种追认，作为旁观者，我认为洪村人寄予居安桥的祈愿一直没有变，那就是——安居乐业。在村庄老人的心目中，洪村就这么巴掌大的地方，村里的居安桥、培源桥、大夫第、中瀚第、性善堂、寒梅馆等，和村庄的庄稼与菜园一样熟悉。土地与播种是生活的现实，祠堂老屋以及古桥才是过往岁月的出口。

然而，在千年的时光里，在村门水口的前方，那一座一座的桥有多少洪村人回眸，就有多少洪村人魂牵梦绕！

十

“鹤溪桥，元泰定中，词川王德全建。”

“古坑桥，天顺间汪梧率族重建。子炯建亭于上。”

“里仁桥，蕉源，上有文昌阁，吴文熙建。”

“鼓楼桥，高沧王氏建。”

“禧龄桥，樟木铺，儒林郎汪逢秩妻程氏建。”

“乐成桥，对镜岭脚，邑侯郑国宝捐俸倡建。”

“积善桥，在高砂下市，胡积善居士汉衍建。”

“竹林桥，在竹林头，元儒程复心建。明弘治，中云兴寺僧社保重建，并建亭。”

“赤朱桥，朱村阳春方福镇建。朱晚保重修。上建亭三间。”

“涌溪桥，赋春里人吴季经建。明成化中，裔孙沂流重建。”

“高道桥，明张果启兄弟建。后圮。雍正三年，照涌、道生二僧募化重建。”

“登仕桥，贡生洪大鼎建。煮茗，遭回禄后，胡细保施茗数年，至咸丰庚申，福田张源坡输田五亩零，为永远计。”

“宏济桥，又名嘉善桥，在湖山，为赴郡通衢要道。康熙年间，由江涛等众村民建。乾隆年间，大水冲毁，又合力重建。同治年间又坍塌，村民再次捐资建造。”

……

这些都是录于民国版《婺源县志·津梁》中的简短文字，那些年月，虽然像梦一样遥远神秘，但是，让我仿佛看到了一个个朴素、善良、真实的身影。我满怀虔敬去读这些文字时，不由会想起村庄一座一座的古桥，甚至，会平心静气地去感受他们生命的气息。线装竖排的十几页纸，我眯着眼读了很久很久。捧读这样的版本文字，我首先的感觉是时光的短促与漫长。

恍惚之中，不知道是我向着他们进行了数百年的穿越，还是他们一个个穿越数百年向我走来。讶异的是，我仿佛看到了一幕幕建桥的场景：清基的，采石的，锯木的，钉模的，扛石的，砌石的……人来人往，忙碌、有序、执着。如果他们能够回到村庄，我应该可以一眼就能认出。

有的时候，人的意识是戏剧性的，仿佛想象与现实只有一步之遥。

族长、村民、妇女、官员、僧人、居士、书生、爷爷、孙子，一个个都是能够引发我想象的建桥人，我却无法一个个为他们描绘肖像。若是条件成熟，我可以将他们一个个写成“愚公”式的故事。如果把他们的个人史串起来,便是婺源的地方史。他们不仅是实干家，还是村庄接地气的抒情者，从一座座桥开始,他们的生命不是消亡了,而是获得了新的意义。这样的生命,摒弃了虚妄的杂质，留下的，是真，是善，是美，是留给村庄和后人的一种造化。他们生活在遥远的过去，而建的桥却留给了当下。

然而，当我一路颠簸、徒步，寻访和走近乡野村庄一座座古桥时，看到青石变成了暗褐色，桥亭的梁柱有的也朽得厉害，裂缝、空洞、苔藓、石韦、茅草、荆棘，成了太多古桥的表情。有这样的桥立在那里，村庄就有了说不完的掌故与传说，以及悠远的遐想。

我的父老乡亲说，与其建一座碑让人仰望，还不如建一座桥让人行走。或许，一座座的桥，就是他们灵魂的去处吧！

相逢的梦境

——桥与村庄融合的意象

一

阳光透过高拔的古枫群，呈现射状的光缕，穿过浮游的山雾，斜斜的，疏密有致，把长溪前山的水碓岭笼罩在流光魅影之中。依山势蜿蜒叠起的石岭，几乎让飘落的枫叶覆盖了，我拾阶而上的脚步，仿佛带着些许的风动，让脚下的枫叶有了疏密的变化。一步一回眸，在秋尽的况味中，前山的水碓岭，成了我打开婺源长溪村珍藏版的背景。

水碓岭连接长溪村头的是“石宝桥”，燕嘴形的桥墩由大小不一的青石砌成，加上铁制的蚂蟥钉铆嵌，桥面则是用六块长条大青石板连接成的。如果没有村长戴向阳的指点，我很难发现桥靠村庄的侧面，还刻有“石宝”、“乾隆四十三年建”的字样。遮风避雨的桥亭坍塌了，石宝桥的桥名也仿佛被加了密码，桥石与桥名的由来，已很少有人能够打开。然而，流传村中的“石桥头上看云起，绿水青山氲绕檐；心神俱佳桥上走，延年益寿九十九”的民间诗句，却从石宝桥切入，把村民经年生活的环境、状态和向往，都概述得淋漓尽致。戴向阳告诉我，从石宝桥上水碓岭，两边都是茶山林地，一路都是古驿道，有一条是通向大鄣山乡石城村，还有一条是通向赋春镇岩前村。徒步去岩前、石城，得走一小时和三小时左右的路程。

长溪村处于大山深处，如同长溪水从隐秘的三花尖发脉一样，戴匡德在北宋初年走进前山时，被一片山光水色所迷醉，成了长溪村的始祖。于是，有山水的浸润，有琅琅的书声，就有了长溪村的丰盈。明清时期，长溪村戴氏子孙通过科考，先后有五人中进士，还有廪生、贡生、邑庠生、国学生等达两百多人。一个个曾经的光华，都浓缩成寥寥数语，录在了发黄的《长溪戴氏宗谱》上。登贤里，是长溪人戴大昂、戴大旦、戴大早等八兄弟，在明朝时共同做的一个梦。这个梦让一座雕龙镂凤的牌楼，承载着“人丁兴旺”与“贤知达礼”的梦境。面对七米多高的牌楼，让我感触到一种深邃的厚重感，一种牵引神往的魅力。我努力踮起脚尖，想把砖石上的雕饰看得更真切，但在石灰覆盖的背后，在模糊的字痕里，有关牌楼的人和事，甚至一些细节都已迷失在时光之中。登贤里，刻录着长溪村先人曾经的显赫和民间的修为，应是长溪的珍藏中不可忽略的一页。而后来，在乾隆年间建的石宝桥，是否是戴氏八兄弟的后人，抑或是村庄众人对先人梦的一个延续呢？在久远的年代，石宝桥的大青石从哪里开凿，如何搬运到村头，又借助什么力量把大青石安放上桥墩？所有这些，都给后人留下了无尽的猜想。据说，古时在北方建桥运巨石，是利用寒冬泼水筑成冰道进行滑动运输，而南方则是在石梁四周缠上麻绳，裹上泥土，等待干硬后，利用滚动进行运送，然后搁于船架之上，借涨水的机会再搁上桥墩。然而，即便是按照南方的方法，在长溪的山野溪涧中，其难度也是让人难以想象的。

婺源民间有句俗话：“长溪千烟无耕牛，中云千烟无大河。”

在长溪这样的“千烟之村”，村庄周围是很难看得到水田的。长溪村所有的水田都与浮梁县的天宝乡接壤，要耕作必须翻山越岭，因此，在长溪看不到耕牛也就不足为奇了。历史上，在边界相邻的村庄，村民为了几棵树、几分田，纠纷不断，争得不亦乐乎，甚至辅以拳头。现在，村与村之间联防联治，这些不愉快的事都没影了。从水碓岭过石宝桥，枫林、菜园、土地庙、社公庙、古宅饭店、民居、铁匠铺、机米厂、社公亭，都是沿溪一路的衔接，青石板的村道，一直蜿蜒通向村庄的深处。铁匠铺临溪，铺面是新筑的，卷帘门置顶，风箱已被鼓风机替代，而炭炉、铁砧，以及木架上摆着的角铁、钢条、锄头、菜刀，都布满了厚厚的灰尘。我走进铺子时，铁匠师傅戴正法正在铲磨菜刀，他说自己打了四十多年的铁，虽然铁匠铺一日比一日清淡，但村民和自己还是离不开这传统手艺。我问戴师傅是否打过类似于石宝桥上的蚂蟥钉，他尴尬地笑了笑，算是回答。

一个有坡度的岔路口，仿佛是对长溪上下村的连接。路边是村民戴宗招家的墙院，墙头的罅隙里长满了小草与藤蔓，让一株百年的桂花树更显生动。我路过老戴家门口时，虽然早已过了花期，但似乎还闻到了桂花的幽香。在一幢老宅的水池边，有一位“好婆”躬身在洗萝卜，阳光把她满头的银发与脸上如沟壑般的皱纹，还有皴裂的手背照得一览无余。佝偻的身子，安静的神情，缓慢的动作，让我看到了一种坚韧与淡定。萝卜圆硕，萝卜缨青翠，在菜篮、畚箕里散发着纯正的田园气息……

我走进长溪，山坳如谜，古木遮蔽，鸟鸣绕耳，石桥跨溪，飞檐的古宅与夯土的墙屋交错，一个枕水而居的村庄，古朴、安宁，不息的蝉鸣与鸡鸣犬吠一起，贴在我梦的边缘。

二

长溪水发脉于海拔一千零五十七米的三花尖，属婺源十一条支流之一，全长有三十一公里。戴村、方家、长溪、庄林里、港头、车田，都是长溪水流经缠绕的村庄，而后流至景德镇湘湖，并入昌江。

村长戴向阳是个热心人，有着山里人的淳朴与执拗，他忙得像陀螺似的，还要抽出时间陪我采访。他说，随长溪而下，大约走五里的山路，就可以到达庄林里。据说庄林里是早年由浙源乡凤山村的詹姓迁入建村，几户人家在山里守山守了十几代，但由于太过偏僻，一直没有发展，二十世纪九十年代就外迁了。再从庄林里随溪走十里左右的山路，就到港头村了。然而，这些山路都在崇山峻岭之中，现在很少有人走，都荒得不成样子了。我听取了他的建议，改道从赋春盘山去车田。

对于车田的村名，我有一种特别的亲切感，因为她与我的家乡同名。我不知道唐宋八大家之一的柳宗元是否到过车田，但他的《小石潭记》——“从小丘西行百二十步，隔篁竹，闻水声，如鸣佩环，心乐之。伐竹取道，下见小潭，水尤清冽。

全石以为底，近岸，卷石底以出。为坻，为屿，为嵁，为岩。青树翠蔓，蒙络摇缀，参差披拂……”——仿佛就是对车田竹溪的写意。而葱茏、翠绿、挺拔、秀丽的竹，随着溪岸，沿着山峦生长，成行，成片，漫山遍野，绵延不绝。这里竹的青翠和水的清澈，融合在一起，仿佛处处都是盈眼的碧绿，尤其在村庄与古树，还有黄泥夯的土墙屋联结起来，有一种原生、纯净、高古、安宁的静美，这样的环境不仅可以将我濯洗，甚至可以忘记山外的俗世生活。

车田村，在北宋末年由福建倪姓迁入建村，后来成了赋春（公社）林场的驻地，开阔的山坞里只有三四十户人家居住。高耸的鸡公树、槠树，挺拔的毛竹，平整的溪埠，连接两岸的木板桥，以及对岸的樟树、小坑口石拱桥，共同组成了车田村水口的景观。水口的鸡公树有六棵，树叶虽然已落尽，光秃秃的，但枝干粗大，呈朽曲状，树干上不仅布满或黄或暗绿的条纹，树身还寄生着蕨类植物，长在树身上，像一根根竖起的鸡毛。站在拴着桥链的鸡公树下，我和村组长吴顺开聊了起来。他虽然只有四十多岁，但他从十五岁就开始跟着长辈搭桥，已搭了二十多年。他说，竹溪上的木板桥每年都要搭，九板的木桥四五个人一天就能够搭成。如果要镶桥板，必须要一块桥板一个工。搭桥是村里的公益事，村里人都是有力出力。从小坑口过石拱桥，翻过那边山，就是景德镇的湘湖了。

吴顺开话语不多，人却实在，他带着我和建新兄溯溪而上，走上了去港头村的山路。吴顺开说，他上小学四五年级，天天要走这条路，因为，村里小学高年级都要去港头读。穿过竹林，天空湛蓝如洗，路、溪、竹，如影随形。风来疏竹，在冬日里的阳光下透着清凉的诗意。或土路，或石径，都在竹与树的遮蔽之下，豁然开阔的，就是临溪了。溪滩拱着小小的弧线，沙子都被水冲走了，只剩下或洁白或蜡黄或青灰的鹅卵石。一路上，风过竹林的声音，流水的声音，还有鸟鸣的声音交织在一起，形成了山野的合唱。由于时间的关系，以及要从原路返回，我们走了一大半的山路就转身返回了。我想，在北宋中叶建村的港头，村头有桂花树绵延七八里，在这样的村庄，又遗存着什么样的古桥和故事呢？

晚饭是安排在盘山村支部书记方锦生的亲戚家吃的，菜园里刚拔来的萝卜白菜，柴火灶现炒，外加一碟大蒜炒鸡蛋，一碟酸辣椒萝卜条，还有菜叶煮年糕，鲜香、爽口，吃得大家鼻尖额头个个冒汗，胃口大开。方支书含着几分愧意说，深山里就这条件，几位跑了这么远的路，对不住了。面对他的诚恳朴实，我瞬间愣住了，缓过神来才与他握手答谢。离开车田村时，一轮皓月已挂在树梢。月光下，影影绰绰的村庄是一种醉，飘逸的竹溪是一种醉，竹溪上木板桥和小坑口石拱桥的桥影又是一种醉，让我一路醉得如梦如幻。

三

向着甲路源头村的方向走，山上的阔叶林就稠了，树的冠幅很大，一团挨着一团，密密匝匝的，不舍得散开。我想，村庄自然的生态，应是村庄在漫长的时间中生长、建立起来的，而村庄良好的生态文明，想必更是村人和时间的产物。

随着蜿蜒如蛇的青石板路，走上源头村的石拱桥——步云桥，宛如步入了古树与流水合成的秘境：一缕缕的阳光，细细密密地从楠木树冠的叶缝中射下，投在青石板地上，形成斑斓的光影。长尾巴的翠鸟，还有小巧的雀儿，分别从虎皮樟、黄檀、银杏、香枫树上飞出，轻盈地落在红豆杉树上。不知是鸟啄落的，还是自然落下的，一枚枚的红豆比樱桃还小，却比樱桃红艳，落得满地都是。曾听说山里村民有用红豆泡酒的传统，就捡起一枚放在嘴里尝了尝，酸酸甜甜的，汁水很浓，甚是开胃。这些树实在是长得太高了，让我无法看到鸟儿振翅的样子，但它们盘旋、飞翔的姿势，还是掠过了叶间闪烁的光影。天很蓝，云朵很轻。鸟的叫声清脆婉转，仿佛一声声都夹着俏皮与蜜意。

步云桥长约八米，宽约三米，横跨在源头村的水口，记忆着村庄一路的熙来攘往。源头村虽然有吴、王、戴、何、江、赵等姓氏，但吴是主姓。据《源头村吴氏宗谱》记载，源头村的始迁祖为安徽休宁查山的吴伏阳，他于明朝洪武年间看中了这里的山水，遂举家迁徙。源头村水口不仅是村庄的入口，更是村庄门户的一种象征，宁静、内敛、神秘。虎头山峡口紧锁，石堨、拱桥平行，青石板路蜿蜒，古树遮蔽，山溪流淌，一切都是隐隐的，错落有致，有着自然人文融合的意境，以及“人行明镜中，鸟度屏风里”的秀美。在这里，我不仅看到了源头村先人内心的平和与对山水的尊重，还有对家园风景最好的抒情。村里的王金开老人告诉我说，步云桥上原先是有廊亭的，桥头还有关帝庙，倒塌的时间应是二十多年前吧。

喜欢山水是一个人的天性。我走过步云桥，沿着一条S形的山溪环村而行，曲里拐弯，清澈的溪水中，红鲤、鲫鱼悠游，民居与树木的倒影清晰可见。临近中午了，有的村民在溪边洗着刚从菜园地里摘来的蔬菜，有的村民在家门口清理杂物，还有村民呢，或站或坐或背着手在门口聊天晒太阳，一个个从容而悠然。从村民居住的房屋和堂前的摆设看，村里人的生活并没有多少富裕，但可以看出他们生活得很安然。有这样的环境，有这样的生活，别说源头村的村民，连我都有几分羡慕。

我加入他们聊天的队伍，让那些早已淡出的话题又回到了现场：

“古时候，村里就开始立碑‘示禁’——禁林、禁河养生，不然，村里怎么有这么好的生态环境？相传，明末的时候，村里有个士大夫叫吴中源，他七十岁生日时，曾花钱买了一只七斤重的老鳖（甲鱼）在溪里放生。”

“你说步云桥呀，据说是开村始祖吴伏阳的后人在扬州做生意发了财，捐资建的，具体建的年代没有听说过，就不知道了。”

“往村里走不了几步，还有一座木板桥，当地人都叫‘红军桥’。在南方八省红军三年游击战争时期，这一带是四十里岗红军游击队的活动区域。有一次，红军游击队被敌人追赶，绕过村头向山里转移，为了摆脱敌人的追击，有一位红军战士把小溪上的桥板全部抽到对岸，最后中弹牺牲……”

“想当年，吴氏宗祠是何等的气派，大梁大柱的，光梁上的雕刻都不得了。唉，现在的手艺，跟以前没法比。”

……

他们津津乐道的话题，仿佛给了我一次对源头村历史进行穿越和漫游的机会，无须寒暄，只要竖起耳朵静听就够了。其间，有村民慢悠悠地走过来，也有村民慢悠悠地走了，犹如溪中的流水，在讲述或倾听村庄的记忆与变迁。

四

大畈西坑口到岭里村有七公里的路程，溯着山溪而进，一路上是田野、坡地、山峦，油菜、萝卜菜、稻草垛、茶丛，还有树与竹，这些，都是一路上背景的对接。冬日阳光下的绿色，绵密而有质感，甚至有些偏浓，仿佛与春天的那种新绿拉开了距离，却有着很强的辨识度。向着莲花山的伞老尖方向，到了岭里村就到了中南培山背路的尽头。

如果不仔细去观察，很难发现我与汪利祝老人谈话的地方就是晓明桥的桥面。晓明桥是用硕大的鹅卵石砌的拱桥，原先两边桥头各有一棵红豆杉，现在只剩下一棵了。汪利祝老人说，红豆杉是建桥的时候栽的，红豆杉的树龄多少年晓明桥就建了多少年，这应该是我看到的婺源最早用鹅卵石砌的拱桥。在红豆杉树下，汪利祝老人的儿媳妇开了一爿桥头杂货店，店铺不大，只有十二三平方米的样子，柜台和货柜上除了廉价的烟酒副食品，还落着薄薄的灰尘。我登上杂货店的楼梯，才看清树的保护牌，上面明确标着树龄为五百六十年（婺源县人民政府二〇〇五年挂牌保护，编号：0076）。枝丫上，像满天星一样的红豆那么诱人，可惜树太粗大了，不然，能够爬上树梢采摘一把红豆是多么惬意的事情。在汪利祝老人的记忆里，晓明桥桥头还有汪家祠堂，他青年时经常打着枞明（松明）火篮去看村里的“灶喜班”唱戏。那些年，在祠堂演的不仅有“灶喜班”唱的徽剧，还有串堂班的演出，看得过瘾。俗话说，锣鼓响，脚板痒。村里逢年过节都要唱戏，那行头都不得了，道具有刀有枪有椅披有帐幔，伴奏有唢呐有锣鼓有笛有徽胡，戏衣更多，有蟒袍、开氅、官衣、褶子、靠甲、龙套，还有宫装、箭衣、斗篷，演出的曲目有《百花赠剑》、《百花祭旗》、《水淹七军》、《贵妃醉酒》等，那身段，那唱腔，真叫醉人。从灶喜班出去的汪新丁，后来还成了婺源县徽剧团的台柱之一。

岭里村是由大畈的汪姓迁入建村，建村的时间自然要比建桥的时间早。在逝去的岁月里，岭里村曾发生过惊悚的一幕。那是一九七七年九月初五的傍晚，由于村中一位叫冇女的农妇点枞明（松明）进猪栏分猪食，燃着稻草引起火灾，风助火势，迅速蔓延，几乎烧毁了整个村庄——全村八十二户人家，烧毁了七十三户。说起那场火灾，吴好娇、胡顺兰等几位老人眼里就有了泪意。她们都是十岁出头就嫁到村里的"童养媳"（那时，童养媳并非大户人家的专属，清苦人家生多了女儿都是"累赘"，女儿只要七八岁或上十岁，便早早地"嫁"出去了），嫁鸡随鸡，嫁狗随狗，即便嫁个傻子也要跟着走，她们的身上又比别人多了一层苦难。吴好娇皱着眉头说，那冲天的火焰和浓烟，刺鼻的焦煳味，以及猪的嚎叫，狗的狂吠，噼噼啪啪的炸裂声，骇死人哩，村里人看见那阵势，没有一个腿不打颤的。晓明桥桥头的另一棵红豆杉，就是在那场火灾中烧死的。次年，许多受灾户迁到了山坞口，建起了岭里新村。在岭里村人的意识里，上了年纪的古树是有神灵的，晓明桥桥头的红豆杉烧死，导致了村里人家时运的不济：冇女得了"猛病"（癫痫症），一直不见好；汪利祝的儿子吃醉了酒，从楼梯上摔下来摔死了；还有村里人出去，车祸接连不断……说实话，从老人们秕瘪的嘴里吐出这些事，尤其一声声苍老而无奈的叹息，让我很不是滋味。在山里村庄，有些天灾人祸，以及个别不可名状的诡异的事是很难说清楚的。这些过去了的，都不重要了，重要的是岭里村还有许多七八十岁的老人坚韧地活着。站在晓明桥上聊天时，汪和兴老人坦然地给我讲了一个故事。他说，一个人是否有福气，完全看个人的修为，自己就是试金石。相传，有一位仙人躺在晓明桥上，从他脚边走过的人，生男生女一枝花；从他身上走过的人，多男多女多冤家；从他头上走过的人，无男无女苦到家（到头）。然而，岭里村又有谁被故事中的仙人附了体呢？这只不过是一代代的岭里村先人，以及汪和兴老人识人的心理标尺和生活哲学罢了。

中南培山的山势和山溪的流向，确定了岭里村的朝向与分布，民居一叠叠的，像个连接的八字，到了村口，才有了一块宽阔的土坦，而村庄的水口又被山峙着收拢窄紧了，高耸茂密的树仿佛是一道绿色的屏障，森森然地把水口遮蔽起来，幽深、神秘。从此树到彼树，交错的枝丫成了松鼠的桥梁。倘若不随着落叶满地的山路而走，很难发现水口还有一座古老的石拱桥。岭里村的流水，充其量只能算是山溪，而为什么村里人要称石拱桥为河东桥呢？这是村民形容时过境迁、风水轮流转的“三十年河东三十年河西”的河东吗？桥的两头都被密密匝匝的樟树、枫树、栎树、红豆杉，以及毛竹合紧了，路边生长的野藤，缠绕、交织，足可以让人坐在上面荡秋千。一棵一抱多粗的槠树，长在坚硬的桥面上，笼罩了桥的漫长的荒芜。槠树的树心已经朽腐，主树干成空心状，却依然挺立着植物的神奇。与槠树相比，香枫更高大，但叶已落尽，有着苍凉的姿势。我拽住野藤和树枝慢慢下到涧底，才能看清河东桥的全貌：桥为青石与鹅卵石合拱，筑于涧边崖上，长宽分别有八米和六米左右。虽然河东桥的两头有野藤杂草遮掩，但桥拱着身子，拱出了时间的重量，拱出了优美的弧线。这样的桥，与参天的大树一样，是让我心存敬畏的。多少年过去了，山溪里的水哗哗地流着，一个村庄的旅程便从河东桥上展开。山溪里的水是醒着的，一棵棵的树是醒着的，而桥睡着了吗？桥与树，都是值得岭里村人骄傲的地方，对我更是有着莫大的吸引力。没有人能够还原一个村庄的过往，我只能在悠然的步履中留下追寻的遐思。

五

风过林梢，宛如冬日山野自然的和声。从大鳙山岭头转到大鳙山山底，一路霜很厚，冻得土都拱了起来，踩在上面嘎吱嘎吱响。过了山岔口，就进入了大鳙山腹地，山风就弱了，仿佛感觉到阳光中有了一丝丝的暖意。主峰海拔一千一百多米的大鳙山，位于婺源东部，与石耳山相连。在婺源，没有比大鳙山更为传奇的山了。相传尧帝时，天降大雨，河流泛滥，华夏大地洪水滔滔，一片汪洋。尧帝授权鲧治水，历时九年，洪水如故。在这场大灾中，婺源山区人家也未能逃过洪水的灾难。就在婺源山民被洪水围困，无处逃离的时候，有一位美丽的姑娘，骑在一条巨大的鳙鱼背上，逆水而上，乘风破浪，从很远的地方向着被困洪水中的灾民飞驰而来，把灾民一一拉上鱼背，逃出了洪水的围困。后来，美丽的女子乘鳙鱼上天，成了“婺女星”。大鳙鱼则返回，吸干了河里的水死去，鳞甲、骨头变成了大鳙山。人类四大古老的文明，都是沿着江河发祥的。婺源川流交错，河流九系，历史上婺源县名的由来也与河流有关：有“婺水绕城”之说；有“水流如婺”之说；有“婺州水之源而得名”之说等。然而，婺源流传广泛、最有传奇色彩的当属“婺女星乘鳙鱼上天”之说了。婺女的传说，滋养和丰富着婺源民间的信仰。古时，婺源境内多处建有婺女庙，庙内供奉婺女娘娘，经年香火袅袅，不绝如缕。

鳙水发脉于大鳙山，蜿蜒、灵动，一如飘逸在河床上的行云，东流浙江开化进入富春江，西流汇入婺源江湾水。一方水土，水是渊源。奔流不息的溪水，流出了村庄苍茫的时间和不老的农事。木利坑、坳头、东坑等村，都是傍着山溪而建的，找到村口的木桥或石桥，如同找到了进村的路径。山峦、树木、毛竹、稻田、菜地、民居，处处透出山野村落原始的气息。每走到一个村庄，看到家家户户的晒盘、竹簟、篾垫都派上了用场，一盘一簟晒着桎籽（油茶籽）。几年前，婺源的村庄就实行了林权制度改革，能够分山到户的已经全部分山到户了。茶叶、竹笋、桎籽、香菇、木耳，都是山上的特产，亦是山里村民的主要收入来源。一家一户的山场虽然不同，但丰收的喜悦却如此相似。一路上，我情不自禁地向村民询问桎籽的收成，一个个给我的答案都是满脸的喜色。

我忘了在木利坑还是在坳头的路上，手机竟然收到了来自浙江衢州的天气信息。这是我在婺源的地域内手机首次接收到外地的天气信息，说明我的手机已经超越了当地信号服务区。如果不是地域相连方言相通，我走在路上都会对这些村庄的隶属产生疑问。上、下潘村是否相连，我人生地不熟，真的很难区分开来。路边，有粉墙黛瓦的老屋，亦有黄土夯实的土墙屋。屋檐下，蜘蛛网与墙缝交错在一起。铲土垒石修桥的中年石匠，正在编竹篮的老年篾匠，以及坐在门槛上啃甘蔗的“小把戏”（小孩），他们的手都无一例外地皴裂，甚至结着血痂。他们对我这样一个背着相机的闯入者，仅仅是漫不经心地看上一眼，又回到自己的常态中。很明显，我对他们的好奇大于他们对我的好奇。路上的鸡与狗虽然不成伴，却在阳光下拉着影子，前前后后走得悠闲。我到潘村，是被村口跨两省的石拱桥所吸引——桥架在潘村溪口，一头建在江西婺源地界，另一头则建在浙江开化地界了。潘村村口的桥，虽说是石拱桥，有一边的桥头和桥面却覆上了水泥——水泥的覆盖，让石拱桥丢失了许多信息，建造的年月已难考证。村里的老人听长辈说过，这座桥原先只是一座木桥，至于是在什么年月改了石拱桥的，谁也说不清楚准确的年月。其实，什么形式与结构的桥并不重要，重要的是在久远的年月里，潘村桥成了一种边界村庄友好的象征。坐在桥头穿竹垫的方好花老人是浙江开化人，她的两个儿媳妇都是在潘村找的，一家人在一起非常和睦。方好花老人有七十四岁高龄了，时光在她脸上有了明显的痕迹。她一身冬衣臃肿，手上穿竹垫的功夫却娴熟，一天还能挣十块钱左右的工钱。她从容地说，有事做着，日子就过得快，身体也没什么毛病。人老了也不能闲，一闲就会闲出病来。方好花老人性格开朗，讲话的语速不紧不慢，话语朴素、平实，颇有条理。她看了看我，又看了看桥，接着我的话题说，下边河滩的江子林、江有余家，一屋骑两地，前堂后堂省份都不同。俗话说得好，远亲不如近邻。虽然大家生活在不同的省份，但生活习俗都差不多，有这样一座桥连着，来往也方便，有了娶亲嫁女，更是亲上加亲。我和方好花老人开玩笑说，如果在河滩一屋骑两地的屋里生小孩，是入江西籍好，还是入浙江籍好呢?

潘村桥的桥头，正对着的房屋门牌是浙江开化下瑶村十六号，斑驳的墙面上，有江西清水沙包运——手机：135××××1098的广告字样，以及开化县河滩村水利协会关于河道管理的公告。邻近几家的大门都敞开着，家里竟然空无一人。年过七旬的江礼义老人看出了我的疑惑，他说，这个时候是很难找到人的，都上山下田做事了哩。在一家土墙屋的门口，建新兄就着水池洗了两颗番薯，我和他一人一颗张嘴就咬，甜，脆，那味道，对于在乡村长大的我，无疑是胃的记忆苏醒。潘村桥的桥长只有十几步的样子，我来来回回走了好几趟。起先，一只土狗朝我吠了几声，然后就摇着尾巴跟着我从桥上走来走去。溪水、石拱桥、土墙屋，还有远远近近的山峦，都以各自的方式表达着一种安宁。说实话，我的相机就放在背包里，一下都没有取出来。我觉得，徒步在这样的村庄，行走在这样的桥上，走过看过，然后，闭上眼睛想一想就够了，眼睛看到的比相机拍下的更真实。有的时候，照片与影像能够唤起记忆，却也能限制遐想的空间。

太阳挂在山边，斜斜地放大了村庄屋檐与石拱桥在溪流中的光影。起风了，粼粼的波光与光影叠化在一起，如梦如幻。走过村庄一垄一畈的山地田野，我似乎感受到山地田野在沉寂中等待一场新的萌发。一个又一个偏远的村庄，躺在大鳙山的腹地，生长或者苍老。我真的很担心，生怕自己在这样的村庄迷失了归途。

觎心

——孽子桥到中溪桥的嬗变

一

百柱宗祠、发悦亭和中溪桥，在黄村形成了一个曲尺形的直角，一如黄村在久远的时间里，向我打开了一扇虚掩的门。毫无疑问，百柱宗祠既是黄村崇祖敬宗的象征，亦是村庄秩序的一种指代，而发悦亭和中溪桥呢，是否是村庄秩序的一种补充，抑或延展？

在黄村，我采访了六七位老人，他们都在共同讲述百柱宗祠、发悦亭和中溪桥的故事。故事是碎片组合起来的，人物也是隐性的，结果却是一致的，都在表达一个良好的意愿和一个圆满的结局。我承认，流传于黄村的故事，本身并没有多少悬念，却牢牢地与村庄的人和公共建筑连接在一起，集结留存着村庄的背景，还有时光深处的碎片。黄村遥远的故事，在我心中放了许久，采访后的十多天，或者半个月，我都迟迟没有动笔。忙碌不是理由，我是生怕一写出来，心里会有空落落的感觉。

二

久远的年月，从黄村虚掩的门里，有一个山村少年在向我走来，他就是故事的主角——无名氏。建村于明洪武年间（1368—1398）的黄村，因名潢川而又黄姓最早迁入（后有张、薛、吴姓陆续迁入），故俗称黄村。虽然故事主角的姓名无从考证，但无名氏肯定是黄村的“四姓”之一。究竟他姓什么，村里人也没有一个说得清楚。相传，无名氏出生在黄村一个殷实的家庭，父母中年得子，又是一根独苗，自然视他为宝贝，娇生惯养。无名氏是村里断奶断得最晚的孩子，龆年还躲在奶娘的怀中吃奶。他读私塾时，无聊透顶，三天两头用黑狗血涂到老师的长衫上，弄得腥臭无比，没有老师愿意教他。无名氏属于“闷骚”型的少年，平时默不作声，却爱出风头，闯祸是家常便饭，干起为非作歹的事一马当先，仿佛一天不惹麻烦不做坏事就难过。家里有吃有喝，他不要，偏要去偷鸡摸狗，胡吃海喝，胡作非为，把村里搞得乌烟瘴气。村里人都怀疑他脑袋里是不是进了水。后来，无名氏夜不归宿，还慢慢沾上了赌博的恶习，并且变成了一种瘾。起先，父母不以为然，没当一回事，觉得只是心智不成熟，以为长大了就会好了，只要他嘟嘟囔囔着伸手要钱，都会满足他，谁知他一发不可收拾，越走越远。赌博是一个无底洞，再殷实的家境，也无法满足他流水般的赌博与挥霍。村里的人都看不懂，一个富裕的家庭竟然如此滑向了败落的边缘。

他父亲谦逊，母亲贤惠，村里人都怀疑无名氏是否是他父母亲生的。有他这样的一个儿子，父母像亏欠了村里，见人就赔笑脸，村里人的脸色都回得很勉强。起先，说无名氏的闲言碎语是秘密流传的，后来，也就不回避了，当着他父母的面也照说不误。无名氏的种种孽行，不仅化作扇向父母的一记记耳光，还成了村里人饭前饭后的谈资。在村里，有关他的闲言碎语，可以用箩筐装。父母的面子和尊严都受到了伤害,他们耻于见人,连门都不敢出了,即便直系的亲属,也失去了来往。然而,等他父母警醒,一切都晚了。家里不给钱,他就去偷就去抢,把卵子放在剃头刀上过日子。父亲怒不可遏,到了无法容忍的地步,把他绑了,无论如何打骂,他撅着嘴就是不吭气。父亲打得越狠,他只咧咧嘴皱皱眉,越不吭声。看着被自己打得皮开肉绽的儿子,父亲的手都开始哆嗦了。愤怒的父母,并没有将他驱赶出门。悲伤的母亲,整天以泪洗面。母亲哭诉着说,一把屎一把尿拉扯大,享不到福还受怨气,养条狗还能帮忙看看家,要知道生你这样一个畜牲,真后悔当初没有放在尿桶里淹死。无名氏为了逃脱父亲的鞭打,一头撞向年迈的父亲,把父亲撞倒在地,跌得头破血流。父母对他彻底失望了,横下一条心,把他送到祠堂,交给族长处理。

父母这样的举动,不是逃避,而是想抓住挽救儿子的最后一根稻草。无名氏是父母心头的一个病,族长对他下的猛药也没能见效。族长阴沉着脸说:“孝之至,莫大于尊亲。”一个人如果连父母的话都不听,对双亲都不尊敬,那和养牲口又有什么区别呢?族长接着对无名氏呵斥道,家有家法,族有族规,你如果再这样执迷不悟,只有绑了沉河一条路。子不教,父之过。从遮遮掩掩到颜面丢尽,父母怕人戳脊梁骨,觉得没脸面见人,双双跳入了百柱宗祠门前的黄村河。那是一个冬日,天虽然没有下雪,但风刮得很猛,每一阵都夹着刺骨的寒冷。当无名氏和村人一起从冰冷的河中救出他奄奄一息的父母时，他第一次跪下，流下了忏悔的泪水。他仿佛是第一次看见父母双眼的浑浊与无奈。

面对村里人的冷眼与歧视，无名氏沮丧、惶惑、内疚，但没有沉沦，没有丧失人性，他在寻求悔过自新的机会，他在撕裂的疼痛与冷静的自醒中找回了自己。无名氏向父母哭诉，一定会洗心革面，再也不会做窝囊废和败家子了。他对父母许诺，一切都从头开始。这一次，父母还是顺从了他的安排。

村前通往外地的五里龙池岭，无名氏走得艰难而决绝。

如果无名氏的过去是一场噩梦，那么，他的这场噩梦就在这个冬天开始醒转，并且结束。他说，他每天晚上都做一个同样的梦，梦见自己被人唾骂得喘不过气来。甚至，他曾经怀疑自己是否还有未来。从此，无名氏背井离乡，杳无音信，连他父母都不知道他去了哪里。有人说，无名氏在杭州欠了一屁股的债，已沦为乞丐；也有人说，无名氏在广州赌博出老千被发现了，身陷囹圄；还有人说，无名氏在苏州做生意起了家，生意做得顺风顺水。

三

一个人能够毫不隐晦自己，就是一种勇敢。五年后的一个春天，无名氏走过文笔山和凉伞山之间的龙池岭，跨过岭底窄窄的石拱桥，回到了家乡——黄村。让村里人难以置信的是，无名氏像变了一个人似的，对人也热情了，见人总是一脸的微笑。他出资请来匠人，在中巷口建起了木亭，在中溪上架起了木板桥。木亭有两层，四方立柱，左右倚墙，上盖鳞瓦，横梁上还雕刻有“鳌鱼”、“荷花”等装饰。而亭与桥头只隔几米的距离，拴桥板的铁链就锁在路边竖起的石墩上，中溪的木板桥有十三块桥板就能搭过河了。据说，桥与亭竣工那天，村里人奔走相告，都去现场看热闹了。无名氏向大家拱手作揖，把亭与桥分别命名为“孽子亭”和“孽子桥”。原先，亭上还有匾额和楹联，由于时间太过久远，村里没人能够记起匾额和楹联的内容了。有一点是可以肯定的，无名氏是想以自己的功过是非来教育子孙后人。翌年的春天，无名氏娶了邻村的女子为妻。父母一颗咯噔咯噔提到胸口的心，才放了下来。

从筹建孽子桥、孽子亭的那天起，意味着无名氏对昨天彻底的终结。孽子桥、孽子亭建设的过程，也是故事人物情感纠葛、伤口愈合的过程。对于无名氏，桥与亭既是功用的、物质的，又是关乎心灵的。如果透过时光的迷雾，一层层去拨开，桥与亭呈现的还应是民间的文化与信仰的根底。在这个充满世俗和贪欲的社会里，无名氏的故事又意味着什么呢？他是在自寻羞辱吗？答案无疑是否定的。

后来，无名氏生养了一男二女，生意也做得出色，开始光耀门庭。村里人就将孽子亭、孽子桥的名字改为“发悦亭”和“中溪桥”。村里每逢娶亲、嫁女，都要从中溪桥和发悦亭走过，图个吉兆。在中巷与发悦亭中，在中溪桥上，经常可以看到无名氏的父母拄着拐杖的身影。村里人见了，开始慨叹了，看看人家儿子多么出息，又会挣钱，老人真有福气。又过了几年，无名氏看到父母年事已高，生怕“子欲养而亲不待”，就关停了外地的生意，选择了归隐的生活，一心一意陪着父母度着暮年。

四

时光，像中溪桥下的流水，一去不复返。无名氏生活的年代，成了一个时间的谜团，黄村已没有人能够解开。走过中溪桥，我在发悦亭前与年过七旬的黄兴、黄旺广老人聊了起来，他们穿着厚厚的冬装，人很朴实，讲话语调平和。他们对有关无名氏与中溪桥、发悦亭的故事，只有小时候听长辈传下的一点留存的记忆。在老人身后的墙上，一张二〇一一年中秋《黄村河中溪集资、支出公告》引起了我的兴趣，写公告的红纸虽然褪色得不成样子了，但依然可以看到寿生、荣福、新丁等村民数额不等的捐款。黄旺广老人解释道，这是村民上年搭桥做溪埠的集资与支出，村里一般是出梅（过了梅雨季节）后搭桥做溪埠，现在大部分年轻人都出去打工了，搭一次桥都不容易，没有两三千都搭不起来。我走访过许多村庄后，发现不仅黄村如此，许多村庄都存在着一个同样的问题，大部分年轻人和中年人都去广东、浙江、江苏、上海等地打工了，村庄只剩下老人小孩，成了“空巢村”。这意味着，村庄开始走向游移、迟钝、茫然，甚至焦虑与孤独。然而，如果他们守着几亩田不出去打工，又能怎样呢？天大地大，对于山里村庄的农民来说，想改变生活状态，拓展生存空间，谈何容易。

在黄仲欣老人的引领下，我围着村巷转了好大一圈才找到黄长茂老人的家。对于黄长茂老人，我是在菊径村采访时听他侄子说的。他侄子黄步清已经六十二岁了，还在基建工地上做小工。我与黄长茂老人聊天的地方是他家的一间余屋，低矮、简陋，采光不是很好，墙壁黑糊糊的，有一种逼仄的昏暗。屋里摆着小方桌、板凳、竹椅，还有农具与杂物。黄长茂老人已逾八旬，身体孱弱，走路需要依靠拐杖了，说话有些气喘，像乏力的拉锯似的，他蜷曲着身子，坐着的躺椅垫着厚厚的棉絮。黄长茂老人说，他从青年起就做木匠，在六十年代初的时候，与村里的木匠黄荣彬一起维修过发悦亭。他说，当时，发悦亭的瓦都掀了，椽、檩、柱有的也朽了，如果不修就要塌了。他主动邀了黄荣彬，对亭子进行了维修，由于缺少材料，就把亭子上层的高度降了一大半。住在附近的人家都被他们感动了，煮了面条给他俩做点心。黄长茂老人沉浸在回忆中，他对自己维修发悦亭颇有成就感。他点燃一支香烟，吸了一口，继续说，早年黄村河上有三座木桥，通公路建了石桥后，木桥只剩下中溪桥了。谈起无名氏与中溪桥、发悦亭，黄长茂老人说得有些眉目，却仍不清晰。他说自己学徒的时候听老辈人讲过，亭与桥是无名氏请隔壁元口村的木匠师傅做的，有近两百年了吧，具体的年份讲不清楚，这个师傅的后人吴益甫也是做木匠的，年龄有八十左右了，听说得了脑血栓瘫在床上了。至于无名氏，据说他的父母去世后，他就领着家人出去做生意了，他的后人去了哪里，也就不得而知了。

五

叩访一座宗祠，是我对一个村庄或是一个宗族的深度体验。中溪桥前，与黄村河平行的石板路，牵引着我走进黄村百柱宗祠，让我不仅感受到了黄村先民物质与精神的双重写意，还有时间的凝重与深邃。百柱宗祠建于清朝康熙年间，祠堂为砖木结构，由庭院、门楼、正堂、后堂、后寝组成，因祠中有一百根杉木柱而得名，面积有一千两百平方米，煌然而恢宏。我进入刻有“八仙”的大门，看到百柱宗祠是以循循善诱的方式叠进的，九脊顶、五凤门楼以及石基深刻的纹饰，正堂大梁上的雕刻，无论是“仙鹤登云”、“喜鹊含梅”、“凤戏牡丹”，还是“鹿鸣幽谷”、“鳌鱼吐云”、“龙凤呈祥”，处处精雕细琢，让我感到一种源自民间的祈福与民间工艺的震撼。听村里人介绍，黄村百柱宗祠的图片早在一九八二年就到法国巴黎参展，并引起专家的关注，被称为“明清过渡时期徽派典范的存世孤例”。

祠堂内，洁净的青石板泛着沉静的亚光，石板与石板对接的缝隙里，有苔藓透着绿意，一对对乾隆年间的八棱旗杆石沉寂着，正堂中央悬挂着清朝文华殿大学士张玉书题写的“经义堂”匾额，质朴遒劲，墙壁上挂着的《宗规》、《祠规》、《族规》、《家训八律》整齐有序，以及后寝供奉的牌位，集结着岁时节令黄村人对先祖的感恩与思念。这些，都分别在不同的空间向我展现时间的形式，还有宗族社会的制约与民间的信仰。我想，无名氏当年肯定没有读懂这些，不然，他就不会被捆绑送入祠堂受罚了。

在黄村人的最初记忆中，祠堂的建造曾经一波三折，甚至险遭杀身灭门之祸。据村里的老人说，黄村人当年集资建百柱宗祠时，由于工程浩大，祠堂封顶时就耗光了财力。正当工匠们散伙回家，翻过黄村龙池岭时，在超然亭遇到了回村里过年的“黄翰公”（黄声翰）。黄翰公是黄村在外做木材生意的，积蓄了雄厚的资本。他把工匠们一一叫回黄村，让工匠们恢复了斧、锯、凿、刻刀的锋利与流畅。百柱宗祠初建成的时候，寝室前拱门的台阶原有九级，称“九步金阶”。附近岭下村有一位财主参观祠堂后，心生妒意，说黄村人“私造金銮殿”，有谋反之意。为了避讳，黄村人只好将九级台阶改成了七级台阶。这则故事不仅《黄氏宗谱》有记载，现在还能从祠堂中看出改造撤除的痕迹。

从连心桥回到清（华）古（坦）线公路上，我隔着宽阔的河流回眸黄村，脑海里还在猜想无名氏被父母送到祠堂受罚的情形。或许，这样的情节在黄村只是个例，但其对村庄秩序的形成与影响是不言而喻的。木板桥是要年年搭建的，孽子桥只是黄村流传的一个符号，而发悦亭也显单薄老旧了，称孽子桥、孽子亭，或称中溪桥、发悦亭，建筑的主体、功用都没有发生变化，只是无名氏与村民对桥与亭在心境与认识上有了不同，这些，与巍峨的百柱宗祠相比，都是被放大显现的，这是否是对村庄秩序与世俗生活的双重隐喻?

尽管无名氏早年错过了许多人生的节点，但他修正了自己，让责任与爱重新回到了自己内心。人生，从残缺到完整只有一步的距离。亭与桥，像一艘渡船，让无名氏实现了人生的泅渡。在无名氏的故事里，或许有少数人记住了他的恶，抑或有更多的人记住了他的善，而这一切都早已归于尘土。虽然隔着遥远的时光，但我觉得这一切在村庄又是那么的真实与纯粹。

像箭矢一样遗落

——太平军在婺源的遭遇

一

行军。打仗。两军对垒。烟消云散。

在动荡不安的历史迷宫里，我在寻找太平军在婺源作战的路线图。太平军站在农民战争的风口浪尖，像搭在弓弦上的箭矢，射了出去，又被一层又一层的历史尘土掩盖埋藏了起来。他们并不知道，从广西桂平县金田村武装起义，到天京（南京）建号"太平天国"，自己殊死的斗争，动摇了一个王朝的统治，而最后还是败给了自己。顺着太平军在婺源作战的路线找寻，一些板结遗落的战事与一座座关联的桥一起，浮出了水面。

历史的记忆遥不可及，而出生在广东花县福源水村的洪秀全，与婺源有着根脉的相连。洪秀全（1814—1864），原名洪仁坤，小名火秀，他是婺源黄荆墩洪延寿的后裔。洪秀全生于耕读世家，七岁开始上私塾读书，四书五经并没有让他像家人期望的那样光宗耀祖，而是在道光年间科举中屡应屡败。一场重病，让他皈依了基督，创立"拜上帝会"。他从广西金田揭竿而起到进军南京定都，仅用了两年时间。洪延寿为唐代归隐长史，从安徽篁墩沿着五龙山脉，走进了婺源大鄣山深处。在寂静的山野里，在他期待的内心，开始盛开黄荆花的诗意。于是，他在溪边长满黄荆的土墩上，植树定村。他植下的这棵樟树，年轮里储满了车田村记忆的源头。樟树发达的根系，连接着车田洪氏的血脉亲情，唐代长史洪延寿，宋徽猷阁直学士洪皓，金石学家洪适，钱币学家洪遵，瑞明殿学士洪迈，一祖同宗，各有建树，却无法留住岁月的脚步，在不同的年月里化作了尘土。即便太平天国“天王”洪秀全已定都南京，还心怀故土，千里迢迢赶到车田古樟下祭祖。“如盖亭亭樟覆霓，专程祭祖到轮溪。残庐依旧莽荆发，故墅犹新鸡鸣啼。河曲流长翁醉钓，山崇峰峭月忧低。裔今壮志乘天马，大训堂开阅战车。”洪秀全当年祭祖时的吟诵，既是对车田古樟风物的观照，也是一位农民革命领袖的自我抒怀。尽管洪秀全在历史上是以悲剧告终，但他推行的《天朝田亩制度》，对中国民生影响至深。与洪秀全祭祖的宗祠“大训堂”一样，敦叙堂、永裕堂、六经堂、星公祠，以及天香院、皓公亭等，都在岁月的苍凉中湮没了，只有先祖洪延寿在黄荆墩植下的樟树，依然高耸葱郁，蕴含着村庄的肌理。而洪秀全当年在车田走过轮溪上的江思坑桥、琢林前桥、茶源桥、洪江桥呢，不再是原先的木桥了，都改建成了石拱桥或水泥桥。

像我从车田的茶源桥出发，溯流去大鄣山追寻轮溪的源流一样，村里同宗的群炎老师对车田洪氏的发脉与迁徙做了细致的考证：“溯自共工氏，以诸侯伯九州者，在神农前，太昊后人，因治水有功，以水为名号，封地共郡。共勋子洪普，以上世有水德之功，加水共左，改姓为洪，徙青州，是共洪始姓祖也。自洪普推至二十二世祖叔昭公，均居敦煌河西走廊之江北——共城。二十三世祖孝昌公，二十四世祖源公，父子越江定居盱眙。唐贞元，源子昺、昰兄弟从师陆□参，刺歙州，游婺，居于歙县黄墩，为歙县黄墩始祖。谱立昺公为江南洪姓一世祖。昺公孙洪延寿公，官至长史。唐大中年间（847—859），延寿公由歙县黄墩迁婺北黄荆墩，是黄荆墩始祖……”随着这条清晰的脉线，再回到先祖在车田（轮溪）洪氏谱系中确立的“通派行第”，洪秀全的祖上几经迁徙，我无法确定洪秀全是否在“立志宜修德，兴宗定振声，传家光祖泽，世守永丕承，凤阁銮坡上，云来连步登”的“字行”序列中？

二

蚺城，以五阜起伏如五星状的蚺城山而得名。如果上溯婺源的历史，蚺城并不是婺源初始的县治之地，为何在天复元年（901）县治由清华迁至蚺城，我就不得而知了。说起蚺城的修筑，还有一段周折。据明代汪大受在《纪婺源县新城大功记》中记述，原“绣水为池……新垒三里……而俱废”，后“官无劳于征收，民无用其规避……人竞其力”。在当时，这可谓是一件建设家园、惠及子孙的民生工程。建设者即是居住者，城墙俨如自家的围墙，蚺城人没有理由不一呼百应，各尽其力。明嘉靖丙寅（1566），蚺城的土城垣改为石城墙，并在西门建了一座用于瞭望的谯楼。

一座城池的修筑，与当地的地理、风俗、文化密不可分。蚺城是依地势而建的，自北向南，缓坡而立，虽然桶形的城廓保守而内敛，而“宝婺”、“弦歌”、“瑞虹”、“嘉鱼”、“保安”等八大城门的立意，却是蚺城先人赋予这座城池的文化概念和象征意味。星江之畔的城池，靠山抱水，八大城门，一条水路，形似半岛，城中除了七街二十五巷，还有孔子先师庙、朱文公庙、紫阳书院、万寿寺、灵顺庙等巍峨耸立。而围着城池的有十三座桥，如：元代知州史宝之建的东门桥；节妇余氏建的西门桥；富商程季思建的供人垂钓的钓桥；明永乐中邑人毛富建的万岁桥；众人捐资建造的升平桥、郑家桥、集凤桥等。这些桥中，有木桥、浮桥、石拱桥，是连接城池的通道。相对于城墙、城门洞等建筑物，桥显得有些单薄了。然而，要进出蚺城，如果没有了你来我往的桥，蚺城也就成为一座孤城了吧。

咸丰五年（1855）二月二十六日，太平军范汝杰部由安徽休宁县经花桥，过吴楚分源的浙岭，再从清华向蚺城进发。一路上，除在浙岭羊角尖与驻守的清军有短兵相接，几乎畅通无阻。二十八日夜晚，一队队模糊的身影趁着夜色穿桥而过，偷袭了桥头、城门巡逻守卫的士兵，顿时，杀声四起，城内大乱，太平军迅速攻克了婺源县城。朝廷听到报告后，急得像热锅上的蚂蚁，匆忙调兵遣将，兵分两路，一路由浙江金华知府石景芬率都司夏宝庆，一路由江宁大营提督邓绍良率徽州提督周天受，共同进剿太平军。城墙边，箭矢如雨，射在盾牌上叮叮当当作响。两军交战，冲锋陷阵，逃遁追杀，刀如团雪滚滚，剑撩刺穗飞舞，蒺形枪、矛形枪、钩形枪、笔形枪铿锵刺杀，难解难分。

三月十五日，太平军撤离婺源，由德兴县攻入广信府。四月七日，太平军范汝杰率部杀了个回马枪，又由广信府经德兴县攻占了婺源县城。战事平息后，他的部队转战到婺源西南乡的中云、横槎等地。四月十一日，范汝杰率部一路疾行，向景德镇开赴。四月十七日，太平军又从景德镇折回到界首，潜行婺源赋春、甲路等地；四月十九日，范汝杰率部从甲路、巡检司穿插到清华，与浙江都司夏宝庆的部队交战，击毙了千总王标、把总蒋叙元等。太平军获胜后马不停蹄，从高奢桥往花园至浙源方向行军，并由浙岭转入了休宁县。

三

太平天国建都南京后，改清廷“省、府、道、县”的行政区划方式为“省、郡、县”三级制，当时江西的首府在九江。有关资料显示，从清咸丰五年（1855）至同治三年（1864），太平军的多支部队，先后近二十次攻入婺源县境，有十二次占领了县城，在婺源境内进行的大小战斗有八十多场，其波及范围之广，交战场次之频繁，在婺源历史上十分罕见。而这些，在太平天国斗争史上，只是一些小的战斗而已。天王洪秀全驻扎南京，他无暇顾及这些。洪秀全在车田古樟下祭祖后，把对故园的情感埋在了心底。倘若他对手下的将领有过暗示或交代，太平军还至于有那么多的战火在婺源燃起吗？在那些年月里，一场又一场激烈的战事与殊死的拼杀，像战场上的一匹匹战马嘶鸣着向我飞奔而来——

咸丰六年（1856）三月，太平军翼王石达开在江西分兵三路东进，经皖南驰援天京。

三月的婺源，时序已进入了春天，由于昼夜的温差，清晨还笼罩在大片大片的白雾中。三月六日，太平军翼王石达开部下的一路人马，由景德镇攻入了婺源，途经黄砂、许村、汾水、横槎、中云等地，一路畅通无阻。两天后，他们向蚺城发起攻势，拿下了县城。三月十一日，这支部队从婺源县城的东门桥出发，由鹤溪、汪口、江湾，再越过五岭，转往安徽休宁。

当时，婺源县城很难过上安稳的日子，仿佛刀枪上的血痕还没有来得及擦干净，就又开战了。八月二十三日，太平军的一支部队由南乡的太白经高砂开赴到了城北，另一支部队却从德兴县海口开赴到了城西，以夹攻之势，分别攻城。浙江游击蒋廷选会同知县陈兆元、城守贾仲良等率领的守城清兵，两天后便溃不成军，浙江守备徐勇、千总胡鸿飞被击毙，婺源县城又被太平军占领。三天后，太平军撤离婺源县城，行军百里，转战休宁县。

三天两头打仗，这样的日子对于婺源的老百姓来说，真是太恐怖了。老百姓心中没有太多的想法，只想过上安安稳稳的日子。太平军红巾裹头，身穿缝上前后号布的短衣，由于不打辫，一个个披头散发的，甚至有的兵士脸上还刺着字，婺源的老百姓对他们有一个形象的称谓——长毛。从太平军诞生的那天起，他们身上就开始依附着一种神秘的符号。太平军在婺源所到之处，让清兵闻风丧胆。你攻我占，村庄与县城的空气中夹杂着血腥的气味。

横槎，中云通往赋春路边的一个村庄。村口的仁寿桥，相传是元代村中一位富翁所建，桥长有八十四米，宽七点五米，为三拱石桥，桥面由青石板铺成，两边各有石阶上下。仁寿，语出《论语·雍也》："知者动，仁者静，知者乐，仁者寿。"仁德而长寿，建桥者把心中的祈愿，渗入了桥上的每一块青石之中。然而，正是在这样一座石拱桥上，咸丰七年（1857）却遭遇了一场恶战。当时，浙江南河参将师长镳扎营于横槎仁寿桥东山上，太平军石达开的部将张宗相（外号铁公鸡），从景德镇率兵直接扎营于汾水，意欲攻下婺源县城后再袭取浙西诸城。清军江南大营统帅向荣听到密报后，先后调派浙江知府毕大钰、江宁大营提督邓绍良、皖南镇总兵江长贵、南河参将师长镳率兵分堵设防。

两军对垒，剑拔弩张。二月十五日，太平军"咚咚咚"的鼓声响起，将士们像离弦之箭冲出兵营，奋勇杀向敌军，声音震耳欲聋。张宗相骁勇善战，与师长镳相遇厮杀于仁寿桥及附近山地。刀光剑影，箭矢如雨，杀声震天。虽然交战不是在夜晚，亦不是在城中，但拼杀得天昏地暗，一如"万箭千刀一夜杀，平明流血浸空城"的情景，十分惨烈。经过三天的激战，张宗相取了师长镳的首级，清兵陈尸数里，血染河水。师长镳是在仁寿桥东山设下埋伏，等待张宗相自投罗网的，他万万不会想到自己会身首异处。同一天，太平军另一支部队在许村盘山也打败了阻击的民团。二月十九日，太平军在仁寿桥集结优势兵力，向婺源县城急行军，一鼓作气发起进攻，顺利攻入了县城。二月二十一日，太平军马不停蹄，又转战龙山、豸峰、孔村、坑头等地，痛击了顽抗的民团。二月二十七日，太平军由婺源县城出发，经高砂、太白司进攻德兴县。一路上，奉命率队在罗田、硖石、银鞍岭、曹门阻击的团练头目王德让、汪贤发、吴平泰、潘开骥、汪文海等皆毙命。后来，太平军步步为营，又毙毕大钰于汤坞，声威大振，曾四进四出婺源县城，牵制清军十多万人。当地群众拥护太平军，编起歌谣唱道："毕邓江师，必定扛尸，天理昭昭，岂有不死。"

四

寒露刚过，跃明、红平兄与我一起去横槎，仁寿桥与历史一样杂芜不堪，茅草、荆棘、野藤、水柳，无遮无拦地长着，有不遮蔽桥身誓不罢休的势头。我伫立于景（德镇）白（沙关）线与仁寿桥相平行的公路桥，身边不时有轿车、农用车、大货车呼啦啦轰隆隆地奔驰而过，前行或者后移，都很难看出仁寿桥的全貌。而那片称为"横槎古战场"的地方，已是一家企业的石料加工厂，地上有简易的厂房，以及堆积如山的细碎石料，历史征战的迹象荡然无存。走到河边的水埠头，我没有半点的犹豫，脱去鞋袜赤脚涉水而行，觉得只有在河中才能看到仁寿桥的全貌，才能去追寻仁寿桥在时光中最佳的注脚。

逝者如斯。历史同样有着水的性情，流动、湿润，不可捉摸，既有养育的能力，又有毁灭的能力。这，是否是一种暗合呢？历史是一场接着一场的淘汰赛，只是时间、地点、人物不同而已。即便清朝后期著名大臣左宗棠在婺源指挥征剿太平军，《婺源县志》也只留下“清咸丰十一年（1861），太常寺卿、闽浙总督左宗棠领兵征剿太平天国起义军到婺。县人于同治二年建有‘左文襄公生祠’”的简短记述。史书志书上的文字吝啬而冰冷，一如握着冷兵器的太平军将士，他们的表情已凝固在远去的岁月之中。

仁寿桥苍老而荒芜，像老人充满沟壑的额头一样，藏着纷繁的世事。横槎系元代福建道元帅黄绍林的故里，村庄随着河边而建，田畈阔大，山峦叠翠。从菜园中归来的黄大爷告诉我，前些年村民在河里淘砂金，还淘到过箭矢。河水清澈，小鱼游弋，鹅卵石枚枚可见。沿着这条河走，我还能找到历史上遗落的箭矢吗？

五

洪秀全创立“拜上帝会”的初衷，便是将自己神化起来，以吸引更多的人对自己尊崇。土地是农民生存的命根子。农民是朴实的，能够有田可耕有地可种，能够养家糊口，便是他们生活的底线。农民加入洪秀全的阵营是为了“人人有饭食”。洪秀全以“太平”的名义，以主张建立“天下为公”的盛世，组织和团结了他们，巩固了自己在他们心中的地位。从广西金田到南京，他们成为一支尖兵，锐不可当，无坚不摧。

尽管洪秀全撰写的《原道救世歌》以《太平诏书》刊行，并改称《原道救世诏》，旨在通过这样通俗易懂的诗歌发出战斗号召，动员人民去推翻清朝封建统治，但后来，又有多少人真正读懂了切戒“淫”、“忤父母”、“行杀害”、“为盗贼”、“为巫觋”、“赌博”等恶劣行为的劝告呢？在诗歌中，洪秀全讲出了“道”的本源，讲出了“道”的原理，却没有在践行中贯穿始终。怯懦、腐朽的王朝，洋人的洋枪，都没有打垮太平军与天王，太平天国的队伍良莠不齐，由于少数人的尔虞我诈，个别人的众叛亲离，一些人的滥杀无辜，离农民期许的方向越来越远，也偏离了天王的意愿，他们是自己打垮了自己。于是，洪秀全在自己绘就的地理版图上建造的一座通往理想王国的大桥，轰然倒塌。当时，洪秀全看到了自己浩瀚的工程问题出在什么地方，但他个人的好恶，决定了他没有回天之力。

而最后，天王洪秀全也没有看到自己亲自建立的京都（南京）沦陷。一八六四年六月一日，他的雄才大略与满心报国的抱负，在这一天彻底终结。

时光退去，太平军在婺源作战的只是天王部下的小股部队，像仁寿桥上遭遇的恶战，或许在太平军的战史中也名不见经传。以洪秀全特立独行的性情，太平军将士应很少有人知道他与婺源的渊源。即便土生土长的婺源人，也鲜有人知。古樟参天，轮溪的水还在不息流淌，我站在车田洪氏宗祠“大训堂”遗址上，发现一百多年前的人和事，像原祠堂里砖石上那么多祈愿美好的雕饰一样，都深深地陷到泥土中去了，甚至大部分已经损毁散佚，要想看个究竟，还真不是一件容易的事……

遗落的箭矢，孤独、苍凉，锈迹斑斑，仿佛是历史的咒语，亦如射中的涩果，有多少人为之刺伤了心，又有多少人为之丢魂失魄！

流风遗韵

——生长在桥上的传说

桥是水的知音，水是桥的意象。潺潺的流水，让桥转折或打开了一路的诗意。然而，这只是我内心流淌诗意的一面。更多的时候，我觉得拱筑抑或平铺的古桥，与溪水、沟壑、驿道，以及山峦，共同组成了时间的荒野。

在婺源的村庄，能够有资格证明村庄最为久远历史的，除了定村开基的树木、古老的房屋建筑，还有古桥，以及古桥的传说。我认为，循着这样的路径，可以穿越与回溯，走进婺源村庄历史的更深处。

一

段莘乡官坑村口的树是村民添丁种的树，山自然就叫添丁山了。一山的葱郁，满目的苍翠，直接彰显着官坑村人丁的兴旺。觉水溪与桃溪在村前汇合，有一座一座的桥沟通，村庄就有了经年的滋养和通达。村口一株合抱粗的红豆杉，似如椽之笔，书写着一个山里村庄千年的村史。

公元七八三年的一天，宣歙观察使洪经纶与子全游，从休宁黄石（即如今的黄山黎阳）走进了这片双溪交汇的开阔地，乐不思蜀，便有了官源村。而官源村易名官坑村，是若干年之后的事了。我的造访，要比官坑村的始祖经纶公晚了一千两百多年，官坑村已是段莘乡最大的村庄了。官坑，村庄保存较为原始，村里的房屋，有青砖砌的，有石头筑的，也有树皮遮的。

午后，屋顶上都飘着一缕淡淡的炊烟。偌大的村庄，古旧的色调，都是时间刻画的。在这样的色调里，充盈着山村生活的原生气息，它是经年的、缓慢的、琐碎的，又是血脉相连的。

我阅读到的唐代，是一个充满漫游之风和浪漫情调的时代，李白、杜甫、杜牧等诗人都曾在皖南恣情山水，留下了大量的诗篇。“诗仙”李白在皖南时，就曾泛舟漫游到婺源，并在太白乡所在地的湖山处停泊逗留。后来，李白停泊的地方，地名就以他的字命名，他逗留的湖山也叫“太白湖山”了。洪经纶虽然位居宣歙观察使，但骨子里还是文人，他赴皖南任职前，曾任谏议大夫。到了皖南，他“为宣歙观察使，稍暇与士人讲论，为歙宣文学首倡”（《徽州府志》人物传）。孔子说：“仁者乐山，智者乐水。”洪经纶是否是仁智之人呢？从官场到归隐山水田园，这一步，他走得超脱，走得潇洒。“天津二月子归啼，委睇清流即见几。是处郑舆还好事，旧时楫逐竟何归。柳花细细能沾帽，荷叶青青可制衣。几度斜阳桥上眺，北鸿南燕伴双飞。”（《新桥济水》）洪经纶在为官坑八景之一的新桥赋诗时，透出的依然是自己的山水心境和隐逸情结。燕子报春，他的心中萌动春意，处处都涌动春的气息。

觉岭、青山岭，是官坑到安徽休宁和婺源浙源的必由之路。与青山呼应的高桥山，便是新桥坐落的地方。洪经纶要走过的不只是一座青石板铺就的新桥，他要跨过的是心中的鸿沟。洪经纶走进官坑，是率性而为，还是本性使然？一个人生活在谜里多好，越猜不透越让人心里抓狂。洪经纶从政的时候，已是“安史之乱”之后了，唐朝正是走下坡路的时候。有人说他是在官场岌岌可危，才走进官坑的；有人说他是不肯对权贵摧眉折腰，才选择归隐的；还有人说，他是功成名就，一心向往田园生活……尽管民间对洪经纶有不同版本的传说，他的生卒年月也不详，但他把自己真正融入了这片山水之中——在这片山水里，他找到了新生。或许，是因为洪经纶任宣歙观察使时的治所在丹阳郡（今安徽宣城县）的缘故，所以官坑的《洪氏宗谱》就烙上了“官源丹阳郡”的烙印。

一条条纵横交错的深巷，隐藏着时间的秘密。而一个人生命的终极，却是时间的命数。洪经纶的墓地就在村中，四周有民居簇拥。墓地上的碑文阴刻“始祖经纶公墓”，落款却是“二十六世孙洪垣”。显然，经纶公墓是经过洪垣公修缮过的。说实话，我跑遍了婺源大大小小的村庄，像这样一座大墓埋在村中心，还是第一次看见。到官坑，温习了《新桥济水》，再拜谒经纶公墓，只是我对官坑村源头的一种解读。

二

那天在官坑村委会门口，碰到洪焕鑫老人纯属巧遇，他既是官坑洪氏的四十世裔孙，又是村里的“活字典”。一年前的冬天，我在官坑青莲庵和他相识，是因为他写在庵前的《圣莲塘》——

"月半莲塘映朝阳，风送荷花飘青香。天生玉管通地理，地就朱笔写天章。"我觉得，老人有此意境，说明他是山里的高人了。圣莲塘只是他对青莲庵莲塘的一种借意，而佛本身就是一朵净洁的莲。洪焕鑫老人戴顶"雷锋帽"，身穿棉花袄，脚上穿的是保暖鞋，隔了一年，仿佛穿着与去年见到他时没有多大的区别。老人对人的热情，体现在嘴角和眼角上，体现在褶皱里。他笑意盈盈的样子，让人觉得亲近，善熟。看得出，他是一个对家乡自恋的人，聊起官坑的桥，一套一套的，张口即来。

洪焕鑫老人边走边说，过去，通讯没有这么发达，在外地要判断一个人是否是官坑人，有个识别的办法，就是让他说出村里的桥名，如果不是村里人，肯定会露马脚。什么新桥、八十桥、登云桥、报恩桥、胡大桥，什么鲤鱼桥、阳亭桥、昌坞桥、下坳桥、垅嘴桥，你说说，这么多桥，不是官坑人能说得来吗?

转弯，拐角，洪焕鑫老人领着我溯桃溪而上，溪埠上，有村民在剖鱼，也有村民在洗猪头，菜刀在溪埠的青石上鐾着，发出刀刃与石头摩擦有质感的声响。远远地，还依稀传来哄哄嚎嚎的叫声，叫声里应有村中杀年猪的生动气息。走过民居、鱼塘、菜地、茶园，山就峙得紧了。远处的山上，都裹上了银装。山谷里，像装了一台大功率的鼓风机，呼啦啦地吹着一股股的寒风，沁骨的冷。老人指着石壁下的桥告诉我，这就是"八十桥"了。桥是石拱的，虽然规模不算大，长宽只有八米和三米的样子，但桥两头都是从陡峭的石壁上筑起的，可见当时的建设难度有多大。据说，此桥是清嘉靖年间，寿州（今安徽省六安市寿县）学正洪联芳的妻子詹氏用做八十大寿的钱捐建的。她做寿的时候，正是梅雨天，看到山溪里的水涨得厉害，村民无法通行，就下决心捐资建桥。在官坑洪氏宗谱上，有“詹孺人孝事翁姑，处妯娌和顺，闺门之内相敬如宾……独力修本里水口大路，建左源大桥，行者颂德”的记载。洪焕鑫老人说，詹孺人仅用当时祝寿的钱去做桥，缺口较大，她就自己去化缘，经过两年多的努力，石桥终于建成了。詹孺人“不做大寿建大桥”的美德，让村民们很是感动，她去世后，村民就改左源大桥为“八十桥”了。

在婺源山村，桥和亭都是路的一部分。在八十桥的前方，有一座鳞瓦斜披中间通路的朱和亭。朱和亭是官坑进青山路上的三座石亭之一，亭记上标明了“东连浙皖，西通湘鄂”的地理位置，还有“四八年重修”等字样。写在墙上的联文也颇有意味：“朝东走，村多户广，亭前溪水凉爽，清洗干净，整好衣冠，趁旭日东升，串村作客，堂堂体面；向西行，山高路陡，亭西泉水甘甜，清心喝饱，理就行装，待烈日西斜，越岭翻山，步步高登”，俨如一份给过往行旅的指南，通俗易懂，有浓浓的生活情趣。洪焕鑫老人说，由于方言的关系，这个亭有叫朱和亭的，也有叫朱尔亭的，亭边的石桥亦有两种叫法，一种叫胡大桥，一种叫朱和桥。这条驿道，我一年前走过，一径走没有岔口，可以直接通往浙源岭脚。青山叠嶂，林木森森。山涧的水，在石间旋着淌着，就有了潺潺的声响。在桥的前方，在山的深处，还藏着多少鲜为人知的故事呢？

三

桃溪、觉水溪在村口交汇，淌过一座石堨，流到登云桥水量就大了，河面也宽阔了许多。在遥远的年月，登云桥是进出官坑的主要通道。登云桥有三拱，桥长有六十米，桥宽有八米，船形的燕嘴桥墩作支撑，石缝里长满了寂寥的茅草。桥边的田地，像扇子一样打开，平整、开阔。一条公路，擦着桥头而过，给登云桥画上了一个孤独的休止符号。桥台的护坡，破损、沉陷、残缺不全。桥，明显高于路面，却与滩涂一起给我一种沉淀的幻觉，像一张黑白的老照片，静止在时间里面。

天空阴沉沉的，寒风逼得很紧，吹得桥边的树叶哗哗响，茅草在风中倒伏了，就失去了抬头的机会。天气以神秘的方式，正在酝酿一场大雪。这个时候，我伫立在登云桥上，河流、添丁山、村庄，还有远处的觉山一览无余。诧异的是，在我的视线范围内，根本看不到行人。显然，这样的环境是不适合听故事的，风太大了，洪焕鑫老人的话我还没听到，就被风刮走了，只看到他一张一翕的嘴唇。洪焕鑫老人把讲故事的地点转移到了他家的阁楼上。老人有二男一女，都在浙江打工，家里只剩下他和老伴。

屋子不大，却幽暗。或许，是走急了，木板楼梯陡而窄，又没有扶手，上楼梯的时候，我听到了老人粗重的喘息。

相传，明末清初时，官坑村汪姓出了两个财产过百万的大户人家。被称为“汪门百万厅”的汪百万，有一位待字闺中的女儿名叫汪青云，不仅长得如花似玉，而且知书达理。汪百万视女儿为掌上明珠，把家中的钱财全部交给她管理。每年的汛期，青云姑娘看到村前渡口村民一个个忧心忡忡的，过渡相当危险，就萌生了捐资建桥的念头。她把这一想法告诉了父亲，立即得到了父亲的支持，并同意以她个人的名义捐建。由于工程量大，登云桥的建造用了五年时间。登云桥竣工之日，方圆数十里的百姓都前来祝贺。官坑村民感念汪青云的善举，将登云桥又叫作青云桥。而在婺源西南乡的镇头石硖村，同一年代有一位姓张的小姐，她嫁入赋春霍口村后，父母生怕自己百年后财产无人继承，就穿着破衣烂衫，以一副败落的样子去女婿家试探女儿。想不到，女儿真的把父母冷落一边，不闻不问。人们常说，不孝之子是娶了媳妇忘了娘，而自己生的不孝之女，就更差劲了，嫁了老公忘了爹娘。父母一气之下，回家用全部的积蓄在石硖村与寺岭村之间捐建了两座石拱桥。村里人感念老人的恩德，分别把石拱桥称为“张公桥”和“张母桥”。同是女人，差别竟如此之大：一个让人肃然起敬，一个却让人不屑。

若干年后，官坑村另一家汪百万的后人有一个绰号叫“创始瞎”的，他成天无所事事，就在登云桥的桥头钓鱼。一年的春天，时任江西省审判厅丞的江峰青回到段莘东山省亲，为帮助家乡建桥，就派人送信给他，请给予资助。送信的人长得虎背熊腰，是个文盲，又不认识“创始瞎”，他走到登云桥头看见有人钓鱼，就直接问了。“创始瞎”听后，一脸的不高兴。他自恃有钱，又有几分才气，就写了一首打油诗作为回信：“来人胆大又胆大，走到登云桥，叫声创始瞎，我也无物赏，赏他半片磨。”那么久远的故事，洪焕鑫老人还记得一清二楚。他说，“创始瞎”坑人不费力，叫送信人驮一片石磨走十几里路回去交差，损人不利己。

阁楼很小，摆了一张小方桌后，就没有多少空间可剩余了。我和洪焕鑫老人占据着方桌的直角边线，他说得兴起的时候，我明显感觉到他的口沫飞过了直角线。在他的叙述里，没有绕半点圈子，故事互为因果，结局也不同：一家善有善报，家族发达兴旺；一家为富不仁，从此委靡不振。老人清了清嗓子，接着说，过登云桥往前走二里路，就到了韩村。在韩村的村口，有一座石拱桥叫“报恩桥”。据说，在宋代的时候，官坑村有一位名叫俞立青的秀才，父母双亡，生活难以维系，他却勤奋好学，一心想求取功名。穷气好争，可是肚子偏偏漏了气。俞立青饥饿难忍，趁夜跑到韩村的稻田里偷谷充饥。久而久之，姓韩的田主发现谷穗被窃，便派儿子在夜里蹲守。月光下，见俞秀才用木梳在梳谷穗，并用小竹盘装着梳下的稻谷，他每梳一下自叹一声，唉！这本不该做的，实在饥饿难当！韩田主的儿子看见这样的情景，不忍心抓拿，就回家把情况一五一十地告诉了父亲。韩田主听后，连夜把俞秀才找了回来，决定供养他读书。俞秀才见了韩田主，哽咽着，一句话也说不出来，他含在眼眶里的泪，还是流了出来。工夫不负有心人。第二年，俞秀才果然中榜，进士及第。后来，俞立青知恩图报，在韩村村口建起了一座石拱桥，命名为“报恩桥”，并且迁到韩村定居。他视韩家如再生父母，孝敬有加。

坐在阁楼上，我感到有凄厉的风在乘机而入，化作一团团的冷潜伏在脚下。然而，洪焕鑫老人的叙述，还有他善熟、谦和的神情，在这个冬日都给我以温暖。在一本用旧挂历做成封皮的手抄本上，我读到了老人写官坑古桥的诗：“寒士潦倒腹内空，窃谷充饥田野中。济贫供养勤耕读，高中建桥报隆恩。”（《报恩桥》）“青云巾帼志不低，汪门百万待字闺。南北连通懿志显，名声好歹后人批。”（《青云桥赞》）“八十大寿建石桥，沟通南北功可瞧。子孙贤孝祖长寿，叶茂枝繁传世遥。”（《八十桥史》）对于一位七十六岁高龄的老人，这是兴趣，也是喃喃自语。

常听老辈人说，家有老人是个宝。在官坑，像洪焕鑫这样的老人，不正是村里的宝吗？

四

“一九二九不出手,三九四九冰上走。”一到民谣中的“三九”,婺源山路边的水凼就结成了冰，滴水的石壁也挂起了冰凌。原本打算是从江湾井坞徒步去段莘珊厚看村口的石拱桥的，怕山路结冰打滑，还是返身到了江湾的晓起村。

在一千两百多年前，历史上那场历时最久、范围最广、影响最深远的战争动乱，还是波及了安徽歙州。相传，任职长安五品都尉的汪万武为躲避“黄巢之乱”，领着族人从歙州篁墩一路南下，逃离了自己的家园。当东边的天空出现鱼肚白的时候，汪万武领着族人走进了婺源境内一条狭长的山谷中。山雾缭绕，林木森森，百草葱茏，河水清澈，汪万武被这里自然生发的景象所吸引，决定就地安居。由于到达的时候，正好是天刚破晓，于是，就有了“晓起”的村名。晓起晓起，拂晓即起。汪万武取村名有两层意思，一是纪念到此安居的时辰，二是鞭策后人勤于耕读，闻鸡起舞。晓起，有上、下晓起之分，村与村之间相距不到一公里，有一条蜿蜒的青石板路连接，进出村庄，有嵩年桥、南段桥、叶家桥、洪家桥串联。约是十三年前，与晓起村的开村始祖汪万武一样，我在天刚破晓的时候走进了晓起。那是一个春天的清晨，晓起村仿佛是被鸟声啼醒的，象山、金坞吐绿泛翠，晓起村周围的山野田园氤氲着一层薄纱似的雾气。晓溪旁，老屋边，白净的李花、梨花，粉红的桃花，还有五彩斑斓的杜鹃、马蹄莲、金盏菊，摇曳出姹紫嫣红，绵延成一片花地。洲地上，田塝边，牛儿在悠闲地吃草。河畔溪埠，响起了阵阵的捣衣声……温润的空气中，夹着樟木的气息与花草的清香。远远近近的村景，清新、和谐、诗意、安详，宛如流淌着盈盈的水彩画意。稍后，屋顶上的炊烟起了，路上桥上就有了早行的人，挎着菜篮摘菜的，挑着牛粪箕挑牛粪的，还有推着单轮车运柴火的。

而晓起冬天的山，只能算是素描了，因为除了香樟、楠木、红豆杉，还有不知名的树外，枫、栎、榉、枥等树的树叶已经落尽，只剩下树的枝枝丫丫，苍劲、高耸。从另一个角度看，晓起村的容颜，像一幅宣纸上洇开的水墨，粉墙黛瓦，尤其在山野田园中，老屋翘起的飞檐，山溪上横跨的拱桥，有着车辙凹痕的青石板路，以及雕梁画栋的继序堂、振德堂、荣禄第、大夫第、光禄公祠、江氏宗祠等，更显古意。晓起村有句俗话："树养人丁水养财。"晓起村的水口，正应合了这句俗话，聚风藏气，有锁钥之势，古樟遮蔽，晓溪浤溪"二水回澜"，静幽、深邃。倘若不细心观察，很容易忽略了嵩年桥的存在。一座桥的功用，是为路而生的，从晓起桥通往安徽休宁的古道荒废了，嵩年桥也就偏于一隅，闲置了起来。村口一位姓汪的老人告诉我，嵩年桥是清初的时候，村里人汪继蕃捐资修建的。汪继蕃是个孝子，他长年在外地做生意，母亲身体不是很好，他就捐资在村庄水口建了单拱的嵩年桥，以祈求母亲长寿。当时建的时候，嵩年桥是有桥亭的。这件事，在民国版《婺源县志》的津梁部分有记载。汪继蕃去世后，其妻洪氏在嵩年桥的左边，还“建造了睦桥庵，捐田十亩，施长生茶”。

晓起是婺源开发旅游比较早的村庄之一，游人趋之若鹜。这天的天气，室外的气温大概在零下三摄氏度左右，比往年同期要冷得多，村口很难看到游客的身影，村民呢，也懒得走动，村庄仿佛又恢复了原有的平静。少了人声的喧嚣，村口的店铺也就冷清了。古董店、木雕店、歙砚店、超市、小吃店、饭店、住宿楼，有的店门开着，店主坐在火桶上烘火，有的店主干脆关了店门，邀伴坐在火炉上打牌去了。嵩年桥长十八米，宽七点五米，宽阔的桥面上，被两层的“桥楼饭店”严严实实地遮蔽着。桥楼饭店有两层，店门锁着，我想问一问饭店是哪一年建的，为什么把饭店建在古桥上？或许同村人有所顾虑，问了几个人，竟然没有一个作答。我想，汪继蕃的孝心，在过去不知感动了多少代晓起人，而在当下，有些人似乎内心与外在之间的通道堵塞了，竟辜负了这样一座充满孝心和古意的桥。再说，从旅游的角度去做，嵩年桥也不应该蒙蔽起来，把嵩年桥的故事告诉更多的游人，是一件多么有意义的事情啊。由此，我不禁想起了在思口镇思溪村听到的延寿桥的故事。传说，思溪村前的泗水河上，建于宋末的平板石桥桥面，在清朝中叶的时候出现了裂痕，给过往行人带来了安全隐患。村里有一位姓俞的村民出资在裂痕下修建了石鼎，及时消除了隐患。修桥的村民六十多岁时因病去世，家里人万万没有想到，在装殓时他又活了过来，还一直活到了八十多岁。村里人说，这是他修桥积的德，阎王爷都会加他的阳寿。从此，平板的石桥开始有了“延寿桥”的桥名。

离开晓起，寒风失语，雪花悄然而至。

五

“花桥聚秀，仙姑报德。”

第一次听老人说起，我还以为是一副四字联，然而，连接起来的实际上是浙源乡凤山村四座古桥的名字：花桥、聚秀桥、仙姑桥、报德桥。有些桥，对山水村落是一种点缀，是适合远远地看的；而有些桥，故事里充满了传奇，却适合静静地听。仙姑桥属于后者。凤山的岚山路村，传说是道教“八仙”中吕洞宾、铁拐李、何仙姑的故乡，如今村里还居住着吕、李、何三姓的后代。婺源民间有“三仙四相一贤人”之说，显然，“三仙”是指岚山路村的吕洞宾、铁拐李、何仙姑；“四相”则是指婺源历史上四位有丞相权力而没有丞相官阶的吏部尚书；“一贤人”无疑就是儒学大师朱熹了。

去浙源的路上，何柏坤老师给我讲起了仙姑桥的传说。据传，何仙姑成仙之前，在村中经营客栈，为过往商旅提供食宿。一来二往，回头客多了，何仙姑清楚了客人一餐饭量的多少，对饭量大吃不饱的，有意多加半把米，尽量让客人吃饱些。久而久之，客人们相互传颂。得道成仙的吕洞宾听到后，半信半疑，就扮成一位客人趁夜投宿。客栈客满，何仙姑看到吕洞宾又饿又累，就腾了柴房供他休息。做晚饭时，吕洞宾明里在厨房帮何仙姑烧锅，暗里却在察看何仙姑量米做饭。果不其然，何仙姑像客人传颂的一样，为每位客人多加了半把米。满心欢喜的吕洞宾想度何仙姑成仙，就试探着动手动脚调戏她，没想到，何仙姑拿起笊篱（婺源人家捞饭的器具）就打，吕洞宾无处可逃，一头钻进了灶窟，何仙姑穷追不舍，吕洞宾就把何仙姑从灶窟拖到烟囱，度化成仙了。后来，南来北往的商旅为纪念何仙姑，捐资建造了“仙姑桥”，在桥头建造了“仙姑庙”，桥上的神龛里和庙里都供奉着手拿笊篱的何仙姑雕像。何柏坤老师对婺源民俗颇有研究，藏有一肚子故事，他接着说，在“八仙”的传说中，何仙姑的法器是荷花，或许，因有仙姑桥的传说，在婺源傩舞《舞四仙》中，何仙姑手拿的法器成了笊篱。至于他们的同村人铁拐李，他的脚瘸是因为做错了事，自己有意把脚放在米碓的石臼中给舂瘸的。他还拄着杵棒一拐一拐地走到清华长林，留下了一句至今没人能对的上联：“瘸脚乞人上万岭，长林留下。”传说总是那么神秘、邈远，而现实中的仙姑桥呢，在二十世纪七八十年代的公路建设中改建了公路桥，只留下桥头孤零零的仙姑庙了。

浙源乡凤山村的地标，是以七层的龙天塔为标记的。龙天塔又名轮天塔，始建于宋代，遭毁后，明朝万历年间重建。建龙天塔的初衷，民间传说是镇火神的，亦有传说是镇水怪的，众说纷纭，但有一点是公认的，与凤山村名对称，有“龙凤呈祥”之意。走近巍峨古朴的塔身，就听到每层的塔铃在寒风中叮当作响，宛如追溯时光的回声。在公元九六四年的时候，隐居婺源城西查公山的北宋太常寺太祝查元修，一次梦中得到神人指点：“见凤而止，遇凰而住。”于是，他一路北行，来到了婺北凤山双路口，问路时得到的地名是“凤凰山”。既有凤又有凰，正契合了梦境，他遂定居于此，后逐渐繁衍发展成查氏望族。从凤山迁出的查氏后裔，在江西、浙江、江苏、河南，甚至海外都有建树。我在潜意识里，觉得与之关联的有一位妇孺皆知的人物要说说，他就是著名作家金庸。因为，金庸在中文世界里造就了一个“金氏江湖”，不仅他的降龙十八掌、葵花宝典无人破解，而且给人们带来了太多历史的、文化的、地理的信息，还有江湖道义。金庸，原名查良镛，他的笔名想必是拆“镛”为金庸吧。金庸虽然身居香港，但出生在浙江海宁，而祖上却是从浙源凤山迁出的。在凤山村婺源查氏四十世裔孙查传宧的家中，我看到了查良镛先生回复查传宧的书信，起首语为“传宧族侄”，落款为“族叔查良镛”，时间是“九五年二月五日”。一个人的身世，在村庄的谱系里可以找到来龙去脉。查氏本家的信，让我读到了一个人血脉里传承着先祖的基因，以及亲情的传递。

传说凤山浙水河中的龙岩潭深不可测，还有龙洞直通高湖山，事实上，龙岩潭比我想象中的要浅得多。据传，龙岩潭边的报德桥桥头有一块石头，上面刻有文字，倘若有人能够把刻字全部认出来，龙岩潭上就会浮出金水桶银担钩。然而，石头早已风化，所谓的字迹更无处找寻，却始终没有听说有人把刻字认出。这样的传说，本身就是一个谜。人们之所以津津乐道，无非是一个字——财。俗话说，人为财死，鸟为食亡。人能为财豁出命,还有什么故事不能发生呢？所幸，多少年了，查氏后人没有一个去较真儿，只把报德桥头的石头当作传说而已。

这与其说是查氏先祖在报德桥头埋了一块石头，还不如说是在查氏后人心头埋了一块“试金石”更为确切。在桥头剃头店前，一位姓查的老人给我讲了一个发生在多年前的故事：一年春汛，浙水河有儿童落水，在生命攸关的时候，村里一位泥水匠根本没有把龙岩潭传说的深度当回事，挺身而出，在报德桥前救起了落水儿童。儿童长大成人后，认了救起自己的泥水匠为义父，并为他养老送终。老人燃上一根香烟，吸了一口，接着说，由村里的老街往上走，就可以看到查氏宗祠（孝义堂）。据说，祠堂和祠堂前的“孝善桥”是明代的时候由村里人查公艺倡建的。查公艺是一位有名的富商，他的孝顺与乐善好施，不仅在村里家喻户晓，甚至婺源都有名气。这些，无疑都是能够感动人心的故事。讲述者波澜不惊，我却从他的语境里，仿佛感受到了他们内心深处与生俱来的感恩信念：有恩报恩，以德报德。

浙水河边，新房老屋鳞次栉比，木桥、公路桥成了一种过渡。从前，凤山村那么的兴盛，但是否拥有眼下这么多房屋和店铺呢？而浙水河河面的宽阔又是否相同呢？此时，我伫立桥头听不到水声，只有寒风伴着音响的歌声在飞。在凤山村，能够催生我想象的还有上店路口、孝悌里路口、庙下庙坞口的三座暗石桥，既无桥名，亦无标记。在这些桥上，又将承载怎样的过往呢？

六

有谁会想到，浙源山蜿蜒的浙岭历史上竟是兵家必争之地？

“东有大鄣山之固，西有浙岭之塞，南有江滩之险，北有黄山之厄。”浙岭，古时地理位置特殊，早在春秋战国时期就是吴国和楚国的分疆之处了，“吴楚分源”的界碑依然矗立在浙岭岭脊。在十九世纪中叶中国的那场大规模反清运动中，太平军曾在浙岭浴血奋战。历史上燃起的一场一场战火，早已灰飞烟灭。如今，上七里浙岭是江西婺源的地界，而下八里浙岭呢，便是安徽休宁的地界了。

浙源，以“婺诸水俱入鄱湖（鄱阳湖），惟此山水东流入休（新安江）达浙（钱塘江）”而得名。浙岭之下的一脉清流，在岭脚村称浙溪，流到虹关村与高湖山下的言坑水汇合，称虹溪，而到了凤山村，就叫浙水了。沿溪流而下，衍生了岭脚、虹关、察关、凤山等村庄。每个村庄都各有特色，有着深厚的民间文化堆积层。一如浙岭是浙水的发源地一样，庐坑是浙源乃至婺源詹氏的源头。隋末东阳郡赞治大夫詹初（字元载，号黄隐）隐居庐源（庐坑）是在隋大业二年（606），他比查元修到凤山早了三百五十多年。庐源、浙源、庆源，称为“詹氏三源”。庐坑村口牌坊“黄石仰遗风，品节清高，千载以来垂典范；隐公荫后裔，人文昌盛，九州之外播名声”的联文，是詹氏后人对先祖的尊重，还有发脉的明证。族谱明确记载的黄隐公后代有两百多万人，中国铁路之父詹天佑的故里便是庐坑。古楠遮蔽的庐坑村口，土名叫“大庙”，旧时建有傩神庙与忠勇亭。连接庐坑村的龙隐桥，是“泰溶公（字望川）……造石桥捐百数十金襄助”（庐源《詹氏宗谱》）。龙，是中国的文化符号。十二米长的石拱桥，它与龙有什么样的关联，又为何称龙隐桥呢，至今还是庐坑先人在明清时期留下的一个未解之谜。

“自初公卜居婺之庐源，传至二十三世远一公，深明地理，指迁环川，启宇开基，此其始也。”（环川《詹氏支谱》）詹氏四十二世裔孙詹德兴解释说，古时的环川，便是岭脚，是一个村庄的两个不同的名字。岭脚的宋村建有宋村桥，西坑建有镇西桥。从宋村踏上岭脚水口，远远地就看到了一棵高耸的红豆杉。进入眼帘的岭脚村，绵延的山峦作背景，民居、田园、小溪、古树、驿道、路亭、拱桥散落有序，宛如冬季田野铺展的村落画境。

德兴兄说，关于宋村桥的桥名，岭脚村有三种叫法：一是送孙桥。相传，在明朝嘉靖年间，岭脚村有位詹希才老人，他的小孙子詹世权聪明好学，老人就送他去高湖书院读书。那时候，村口没有桥，老人天天都要背着孙子过河。孙子非常懂事，他对爷爷说，将来我要是有了钱，一定要在这里造一座桥，让村里人不再蹚水过河。后来，詹世权发愤读书考取了功名。当了官的詹世权没有食言，建造了这座石拱桥；二是宋村桥。据说詹氏八世裔孙詹必明隐居宋村，后从宋村上迁岭脚，所以又叫宋村桥；还有一种叫法是送亲桥，岭脚村有一个规矩，女儿出嫁那天，送亲的人就是送到这座桥为止。

岭脚的里村和段村，紧紧地把西坑村夹在中间，挤在山坞口的村庄显得有些逼仄。村头的镇西桥单拱，长只有五米的样子，宽不到三米，看去有几分小巧。相传，古时村口原是一座木桥，一位外地秀才路过西坑，看到前面一位姑娘背着布袋，削肩瘦腰的背影，走起路来婀娜多姿，他怦然心动，就赶上前去搭讪。秀才自恃有才气，文绉绉酸溜溜地说："前面有座小木桥，有木是桥，无木也是乔，去木加女变成娇，娇娇何处去，我要我要我要。"他万万没有想到，姑娘双眼一闪，随口应道："背后布袋来装粮，有米是粮，无米也是良，去米加女就是娘，娘到娘家去，休想休想休想。"秀才自讨没趣，但他没有气馁，以一份真情表达爱慕之心：

千里（那个）迢迢（呀）到思桥，思桥（里个）玉河（呀）遇娇娇。

娇娇（那个）下溪（呀）洗衣裳，桃红（里个）柳绿（呀）动人心。

秀才是否唱着这首《千里迢迢到思桥》的婺源民歌，最终赢得姑娘的芳心呢？桥，俨然如他们姻缘的定情物。后来，姑娘为人妻为人母，在原木桥的位置捐资建起镇西桥。这对她来说，无疑是一件幸福的事。

在遥远的年月里，西坑村的青年小伙见到外地秀才，会有几分嫉妒呢？

七

进出浙源，虹关村是我一眼就能认出的村庄。我记住虹关，并不因为它是“吴楚锁钥无双地，徽饶古道第一关”，而是村口高耸的千年古樟。罩地三亩的古樟，“下根磅礴达九渊，上树摇荡凌云烟”，神秘、魅惑，它的浓荫下，应集结着虹关村过往的全部内容。一棵古樟，既是一部诗集的封面，亦是吟咏家乡的集体抒情。民国的时候，村里人詹佩弦为这棵古樟编了《古樟吟集》，汇集诗词五十多首。翻开一页，就是百年。虹关村人能够与这样的古樟栖居一起，何尝不是一种福分呢？

与通津桥下的虹溪水一样，这里曾经有一股浓墨，带着徽州特有的烟香，在中华文脉中缓缓而淌。在时间与空间的双重交织中，婺源虹关生产的徽墨，贴着毛笔与宣纸的温润，以流转的力度，逸澈的空灵，亘古的妖娆，洇漫于华夏，呈现着绝美奇幻的意境。或许是历史的周折，抑或婺源在皖赣地域归属的分离，婺源作为徽墨的重要产地之一，而被方家忽略了。“新安墨（亦称徽墨）以黄山名，数十年内造者乃在婺源黄冈山。戴彦衡、吴滋为最。彦衡自绍兴八年以荐作‘复古殿’等墨……”（《新安志》）在八百多年前，朝廷就“以滋所造甚佳，例外支，设钱两万”在婺源收墨。周绍良先生在《清代名墨谈丛》记述：“石名制墨名手，其中婺源就有十位之多。”甚至，开行起店，经营的墨业向外埠扩展。在清代，“婺源墨大约在百家以上，仅虹关詹氏一姓就有八十多家，在数量上远远超过歙县、休宁造墨家，在徽墨中是一大派别”（《清代名墨谈丛》）。“徽墨名村”浙源虹关，生产的墨品见赏艺林，被藏家所重（虹关村“棣芳堂”乾隆年间经营墨品的账本，是最好的明证）。虹关以制墨为主，不仅在全国各地开设了许多墨铺，还出现詹大有等制墨名家，号称当代“纸业大王”的詹沛霖即出自虹关的制墨世家。我到虹关这天，车水马龙的景象没有了，墨香已经散尽，只看到西起通津桥东至周王庙的老街上被单轮车碾轧的凹槽，只听到虹溪水还在潺潺流淌。据说，南宋建炎间（1127—1130），詹氏家族中的詹同举家迁到这里时，“仰虹瑞紫气聚于阙里”，故取名“虹关”。而当地人是很少直接称“虹关”的，都欢喜叫“虹瑞关”或“虹瑞湾”，方言说起来，圆润、甜美，由内而外透着亲切感。

虹关村水口，十六米长的通津桥，像一道彩虹横跨两岸。桥是青石拱的，两侧及桥头台阶上均有石护栏，两边的桥额上，分别刻着“通津”、“挹秀”字样，桥的结构十分完美。让我惊讶的是，通津桥始建于南宋中叶，复建于清同治年间（1862—1874），在如此久远的年代，桥的设计就有了立交桥的雏形——在通往村外的桥头，不仅有青石板的台阶可以横向上下，而且台阶的边上还开设了一个类似于桥门洞的口子，可以直接与青石板路对接，形成了上下通畅。年过八旬的詹德寿老人说，通津桥在虹瑞关《詹氏宗谱》上都有记载，现在看到的桥，是村里元吉公捐资建的，花了不少银子，建桥的时间大约在一百三十多年前。

许慎在《说文》中说，津，水渡也。虹关人把水口的桥称通津桥，意思不言而喻，是说经过这座桥可通往远方。虹关村的詹世钗是“世界巨人”，也是从通津桥走出去走得最远的虹关人。相传，詹世钗生于清道光二十一年（1841），小名詹五九，他出生还未满月，体重就有一钧（十五公斤），身高像少年儿童。他父亲詹真重生有四个儿子，詹世钗是老四。詹世钗的父亲和哥哥身高都有八尺，而他更是青出于蓝而胜于蓝——身高竟有十尺三寸（约三点一九米）。据说，詹世钗从小在通津桥上玩耍，直接从桥的石护栏上翻腾上下，甚至挽着同伴在桥拱荡秋千。同年的伙伴，根本跟不上趟，比他大好几岁的，也只有跟尾巴的份儿。桥上玩耍的玩得热闹，桥边看的人吓得一身冷汗。五米高的通津桥，成了詹世钗腾挪游移的训练场。为此，他还挨过父亲的不少竹鞭。詹世钗十八九岁的时候，太平军和清军都数次路过虹关，村里人都纷纷躲避，只有高大威武的他依然站在桥上，没有一个兵士敢冒犯他。后来，詹世钗去了上海“徽州玉映堂墨铺”做工，被英国商人看中，重金聘请，周游世界进行表演。

詹世钗家的老屋名为“玉映堂”，在村里很好找，他家的大门要比其他人家高出许多，门廊足足有三米高的样子。走出“长人故居”前的巷子，一眼就可以看到村口的古樟。古樟与通津桥之间，是虹关希望小学。学校放寒假了，有的小孩在通津桥上跑来跑去，有的聚在一起做拍手游戏。童谣似曾相识，却是改编的版本：“你拍一，我拍一，我们点读学习机；你拍二，我拍二，我们现在没玩够；你拍三，我拍三，家长只看成绩单……”冷冷的风中，他们的笑声都很纯净。在他们的脚下，将通往怎样的远方，还有太多的未知。

八

相对于浙源其他一水相生的村庄，我是第一次把目光停留在察关。我撷取察关村的几个场景，用文字记录冬日下午在一个古村的片段，试想从一条小溪或一座古桥开始，去追寻抵达村庄内心的路径。

一根渔杆插在溪边，次日便长了枝叶，连村名由来的传说都这么生发，从最初“插杆”的传奇，到“察关”的诗意，是村人经年的对话与村庄成长的丰富。一如村边的小溪，幽幽的清流中伴着悠远的欢唱。南宋时，虹关村那位在下游溪边的钓者，钓出机缘，成了察关开村的始祖。他的怡然与悠闲，不仅建立了自己内心的秩序，也留给村庄和村人千百年的恬静与和谐。察关的村名，较之插杆要晚多少年呢，村里根本没有人去纠结这样的事。

尽管公路已从村边擦肩而过，但察关村水口依然留存着几分古意：樟树、枫树、株树、栎树高耸，竞相比着虬曲与苍劲。浓密的树荫，只能遮蔽住村口路亭的大部分鳞瓦，而斑驳的粉墙依然醒目。青石板一块一块地连接着，穿亭而过，一路延伸，努力呈现着徽饶古道的原貌。桥是石砌的，一拱半圆，在溪水的相映中就成了一轮满月。一位搞摄影的朋友，曾经在桥上拍过两组照片：作品一是一位老农戴斗笠穿蓑衣，驮着犁牵着牛从桥上走过；而另一组作品呢，是一位身穿红色旗袍的女子，带着油纸伞，一步一回眸。从画面感来说，两组照片都无可挑剔，而从作品的叙事性，以及古桥的关联度与历史感看，我更倾向于前一组。进入眼帘的路亭，许是早年改建的建筑，抑或是村庄公共建筑的结合体，墙体上还依稀可辨“文昌阁”的字迹。从溪流与村庄，到石板路与石拱桥，再到路亭，都是自然的递进与依存，仿佛是几笔不经意的简约的勾勒，察关村的水口文化便显现了出来。从一水一木一桥一亭中，都可以看出察关村人世代对村庄风水的传承与保护。久远行旅的足音，曾经的朗诵与吟唱，早已随风而去,只遗存一墙墙的斑驳与一条条的缝隙。倚墙而置的禾戽、打谷机、双轮车，无法遮蔽察关村人对先祖的感恩与铭记：“本里高祖十三世本德公，行十二，字叔义，宋绍兴年间，举春秋明经及第，三任金华太守，称疾不仕归里。庆元乙卯年建亭七间，造村末水口石桥，号祭酒桥。”亭墙上一段引录察关《詹氏宗谱》的文字，让亭子与石拱桥的身世，在时光的迷雾中趋于明朗。即便是一位功成名就、隐身而退的人，也会被历史的风尘湮没，但他依然在村庄找到了自己固守的家园与梦乡。或许，他向往的正是开村始祖的隐逸生活吧。祭酒桥边的古树，当初都是围绕着石拱桥而种，本德公是否像村里人传说的那样，取意于“二十八星宿拱月”呢？

然而，我眼前所见到的桥，虽然石缝里爬满了藤蔓与青苔，却并非是本德公原建的祭酒桥了。据说，祭酒桥始建于宋绍兴年间，因年久损毁，村中有一位寡妇四方募钱，捐资按照原样进行了复建。桥上本来是有石栏杆的，村里人感念她的功德，特意将石栏杆拆了，取无栏（男）之意。因此，祭酒桥又有了

“寡妇桥”的桥名。后来，村里人每逢婚嫁喜事，为了避“寡妇”之讳，都不惜绕道远行。或许，这是民间一种无心的阉割与伤害，而这种阉割与伤害，却恰恰不仅伤害到了建桥的女人，而且还伤害到了我，以至于我站在桥上心里很不是滋味。女人募钱捐资建桥，是一种积德的事，为什么村里人对寡妇如此的忌讳呢？寡妇有错吗？寡妇是女人愿意选择的吗？从某种层面上看，察关村的“寡妇桥”，遮蔽、隐匿，而与其相隔百里的龙山村拱龙桥同样是寡妇所建，却录入了光绪版的《婺源县志》：“拱龙桥，上有德星亭，龙山节妇潘氏建。孙程轸重修。乾隆壬子圮，程兼御同村众捐资督成之。光绪戊寅洪水坍尽，己卯年龙山程济美独立重造，桥上有亭并庙。”流年似水，相同的是，她们模糊的身影，都被山风吹散了，而桥仍在。

在桥上，我想问问建桥女人的情况，可惜的是，没人知道底细，她只是一位无名氏。不知是有意回避，还是答非所问，一位背着菜篮的老妪说，村里正月准备舞龙灯，上了年纪的老艺人都在仓库里做灯呢。我与同行无需向导，顺着巷道就找到了村中早年的仓库。仓库很破旧，破旧到只能勉强遮蔽风雨。龙虽然是一种虚拟的动物，但在中国五千年的历史中，先人从龙头到龙身，甚至龙爪，都构建和固定了特有的造型，延续的都是经典的图像。然而，在察关村的老艺人手中，却用竹篾与皮纸，完成了龙作为神兽的形象，象形、比意，威严而脱俗。元代龙的三爪，明代龙的四爪，清代龙的五爪，像这样的龙的历史符号，在察关村老艺人的手中是不存在的，他们对龙的简化只剩下粗犷的龙头与龙尾，龙身是用一板一板的花灯联结而成的，方便、灵活，却不随意，散开是一板板的花灯，联结整编一起，就成了长龙。让人不可思议的是，老艺人们不仅龙灯扎裱得有神性，兔子灯、人物灯（唐僧师徒等传说人物）都迥异于传统的文化图像，却富有民间的审美情趣，每一件都扎裱得神态自然，活灵活现。我到察关村是挨着年底，离村中舞龙灯的日子还隔些时日，但不难想象龙灯在人声鼎沸中起舞时，舞动的那道民间神秘的光芒，还有村民血管里流淌的对传统文化的热爱，以及对五谷丰登、风调雨顺的祈盼。做灯的老艺人对祭酒桥的了解，像村庄《詹氏宗谱》记载的一样简明，而对“寡妇桥”呢，也没有听说过其他的轶事。祭酒桥的对岸，有山地，有田园，我想，龙灯的光芒，从祠堂开始，是否烛照到祭酒桥，又是否从祭酒桥通往其他的路径？

在察关水口的景象中，祭酒桥只是一个半圆，它有溪流的水映着，才是一个完整的圆。而在漫长的时间里，在村人传统的观念意识中，此桥已非彼桥了——本德公始建，无名氏女人复建，差别竟如此之大！寒风飕飕地吹着，吹得香枫都秃了头，吹得溪水都瘦了。我回头再去看水映的祭酒桥，总觉得有一种不真实的感觉，却说不清楚什么意识在脑海中占了上风。我在等待，等待一个没有结果的答案。

九

是一棵什么样的树，让一座桥成为了它的依附呢？

这棵樟树实在是太大了，胸径比虹关的古樟还要粗九十厘米，十个人合抱才能抱得过来。我对上了年纪的树，是肃然起敬的，何况它的树龄有一千五百多年。不光是我，许多爱树的人都奔它追慕而来。

与前人相比，我们的追慕只能算是走马观花的一种形式。早在一千多年前，生活在景德镇浮梁县的李德鸾路过此地，看到这棵浓荫蔽日的樟树，就有了定居的缘由。“李德鸾，字匡禄。才气过人。其先世京，本大唐裔，因黄巢乱避地歙之黄墩，由黄墩迁于浮梁之界田，至德鸾始寓婺源严田……”（光绪《婺源县志·寓贤》）以李德鸾的身份、地位，他可以称得上是爱树的隐士。他迁徙到樟树边建村，并以“占得从田之签，以严治家”之意，取村名为“严田”。严田分上、下两段，上亦严田，下亦严田。

竹林。石板路。德福亭。树林。小溪。那一年，李德鸾路过严田，是否也是这样幽幽的景象？没人能够说得清楚。即便严田的水口有过变化，而德福亭中，对“广施仁义，积德行善的人，必有后福”的祈愿，有过更易吗？显然没有。村里人曾经建起的桥、亭、书舍等公共建筑，应是最好的例证。严田建村之初，古樟已经在小溪边生长了四百多年，村里人视古樟为“树神”。据说，村民怕孩子难养，通常会到树底烧灶香，然后在红纸上写上孩童生辰八字的“寄世帖”，贴在樟树上，将孩童过继给树神，即可保得平安。

古樟遮蔽的鱼塘人家，宛如一幅经典的江南水墨画，徐徐地铺展在严田水口，粉墙鳞瓦、翘角飞檐的院落，环绕着潺潺的溪水，经年浸润着淡雅、清幽、纯粹的古樟气息，记忆着严田村远古的梦境。古樟，不仅是严田村在徽饶通衢历史变迁的见证，年轮里还刻录着一段历史迷雾里的传奇。相传，在北宋末年，高宗赵构被金兵追杀，慌不择路走过木桥，逃到严田。情急之中，赵构爬上樟树树梢藏身，才躲过了一劫。古樟下长十三米、宽六米的石拱桥——“树德桥”，就是高宗报樟树藏匿容身之恩，派临安府用六百两官银修建的。在偏远的婺源山村，一座石拱桥能够与坐在金銮殿上的高宗皇帝发生纠葛，其中含有的传奇性，不是常人能够想象的吧。

无独有偶，据说中云镇横槎村的南津、北宅两座古桥的身世也与皇帝有关——明朝嘉靖年间，横槎在京都任劝经筵御讲的湛若水告老还乡时，世宗皇帝念其授课有功，准备奖赏他。出乎意料的是，湛若水什么金银财宝都不要，只求皇帝赐予“南津、北宅”四字。世宗皇帝不明白，南津、北宅是京都“三水合一”的自然景观，婺源怎么会有这样的景观，问他要这四字有何用？湛若水如实禀告皇上，说家乡在雨季时三条溪流奔泻而下，就能够看到红水、绿水、清水“三水合一”的景观，并以性命做保。世宗皇帝听后，量他不敢欺君，就赐了四字。湛若水回到家乡，把“南津、北宅”四字刻在了两座新建的石拱桥上。此后，凡是过桥的官员，见桥名是皇上的题字，文官下轿，武官下马。这就是湛若水的睿智，皇上题字给家乡带来的效应，是金银财宝能够产生的吗？

时间，是自然命定的恒途。在漫长的时间里，每一座桥的传说，都只是一个片段。我恍惚在村里人讲述的传说中，感受到了物质的时光。桥在沉寂，沉寂成时间的剪影。在冷冷的剪影里，我看到了一座桥的孤独。

十

一场冬雪，带来了一路的清肃。

进入许村镇的小港口，山的包裹似乎要松了些，视野也阔了，一畈畈的田披着雪铺展着。通往珍珠山的公路，像把上、下仁洪之间的和睦村切开了一道口子，水口与村庄形成了一种离异感，也就少了一份山村田野的优雅。倘若水口的和睦桥没有樟树和香枫做伴，将显得更加冷清和孤独。和睦村原先的青石板路顺着香樟河走，蜿蜒，曲径通幽，而现行的公路通畅、便捷，在村庄面前拉了直线。

村庄是有记忆的。和睦村记忆的源头，融合在仁洪村的记忆里。相传，唐代乾符年间（874—879），歙州牙将程湘带兵驻守婺源，遵照风水先生的示意，他把家安在了仁洪，村庄“以讲仁义道德,能洪福齐天”而得名。程湘后来升至检校工部尚书。而和睦村建村，则是在北宋初，它处于上、下仁洪之间，最早的村名为中仁洪。和睦村的更名，远远超出了我的想象——它是因为村庄水口的和睦桥而更名。这是率性而为,还是本性使然?往往，人们对美好精神的启悟与向往，具有理想与现实的双重意义。这与我们现在所说的文化自觉，应是异曲同工吧!

和睦桥的传说在村里久久流传：明末时期，香樟河的木桥是人们进出村庄的唯一一座桥。上、下仁洪村有一对亲家，经常要过桥到对方家相聚，饮酒闲谈。一次，两人谈着谈着，不知不觉酒喝多了，就为打官司的事争辩起来。男方亲家自恃有钱有势，与官府关系甚好，而女方亲家却认为自己水平了得，写得一手好诉状，是远近有名的“笔刀”。于是，两位亲家互相赌气，决定比个高低，酒宴不欢而散。恰好，这时两村为山场地界发生纠纷，两位亲家就代表各自村庄前往县衙打官司。他们路过香樟河木桥时，男方亲家见桥头盘着一条青竹节蛇，他顾不上这些，一个箭步跳过就匆匆赶路了。随后的女方亲家在此看到一只鳖（甲鱼），就顺手牵羊带到了县城。两位亲家恰好同住一家客栈。男方亲家见女方亲家手中拿着一只鳖，就揶揄地说，凭亲家公的“笔刀”，打官司就不必送礼了吧。尽管女方亲家听了有些不愉快，但没必要让对方误解，就一五一十地把捡鳖的经过说了。男方亲家听后，连忙说，过路鳖有蹊跷，是捡不得的，你不相信就把它捆在布袋里观察观察再说。女方亲家将信将疑，照着做了。果然不出所料，第二天，布袋里的鳖变成了青竹节蛇，吓得他一身冷汗。于是，女方亲家对男方亲家感激不尽，两人和好如初。打完官司后，为纪念这份情感，两家共同捐资，在村庄水口木桥的位置建起了长十五米宽五米的石拱桥，并取名“和睦桥”，寓意世世代代和睦相处。

同样，在毗邻的赋春，一座始建于明代中期的“尚义桥”，有异曲同工之妙。相传，冲田和赋春两村民众都以修桥铺路做好事为荣，建桥时，两村互不相让，都争着要建桥权，吵得不亦乐乎。恰好，这天有一位化缘的和尚路过，他听说缘由后，执掌胸前，连连念着“阿弥陀佛，善哉善哉”，说各位施主，两村相邻，做好事应以和气为先，由他来做个中间人。他把行杖放在两村交界的界线上，说杖往哪边倒，就由哪边的村庄来建这座桥。事后，赋春村如愿以偿，建成了麻条石砌成三拱的石拱桥。和尚用“倒杖”的方法平息了这起争端，因此，当地人取桥名为“尚义桥”。“半月浮水半规沉，试上青山瞰碧浔。游客不知桥倒影，只疑明月浸溪心。”婺源赋春冲田人，清代著名科学家、文学家齐彦槐的《平桥印月》，是在遥远的年月对尚义桥的观照吗？站在公路上，和睦村水口一览无余，田野在雪的覆盖下，静默、沉寂，禾秆城（稻草垛）孤零零地在田角耸着，与参天的樟树、香枫相比，显得有些微不足道，和睦桥更是被水口的树木遮蔽着，只能隐隐约约看到桥的一部分轮廓。石板路边的草皮上堆满了积雪，而路中间还留有一条窄窄的路线。村里一位姓程的老人听说我去看桥，他是个热心肠，冒着凛冽的风要给我带路。他说，和睦桥的桥头早年有一块青石板的石碑，上面刻着桥的碑记，可惜不知去向了。和睦桥桥头的十几步石台阶，由于雪的覆盖，形成了一个斜斜的坡面，只裸露出枯黄的茅草，桥面上的藤蔓杂草，却被雪遮盖得严严实实。雪中的古桥景象，淡然、素雅、高洁，是让我着迷的。我还在想着那个近乎诡异的传说，而恰恰是这样的传说，构建出了一条内心与外在之间顺畅的通道，给村庄带来了完美。如此清静白净的桥面，是否接近和睦桥更深的隐喻？

十一

藏身于五株山皱褶间的长径村，神秘、魅惑。村头的崇福桥，仿佛架在一个时间的局部里，一头是老屋、新楼，一头是卷帘门的工棚、板结的土坦，还有一畦畦的油菜田。这样的布局，尤其是新楼、工棚，对于一座古老的廊桥，虽然互不碍着，却显得突兀，也不相衬，总觉得怪怪的，有些恍惚。崇福桥石拱部分的始建年月已经不详，而桥亭是民国二十九年（1940）仲春重建的。桥底的小溪，许是淤泥阻塞的结果，只有浅浅的溪水在缓缓流淌。桥洞的拱石上呢，长着绿绿的苔绒，在年底的一个下午看去显得更加的阴冷。崇福桥在不知情的外人眼里，只是一条路的过道，而在长径的村民心目中，它作为拜“菩萨年”的场所，还承载着许多的祈愿，经年丰富着村民的精神世界。

要解开长径村的文化密码，还得从村庄的舞鬼戏——傩舞说起。傩舞是一种古老的祭神跳鬼、驱瘟避疫、表示安庆的娱神舞蹈。据傩舞传承人程长庆介绍，早在明嘉靖辛酉年间（1561），任陕西苑马寺卿的程文著就把傩舞带回了家乡。长径村的兴衰，仿佛是与傩连在一起的，却也无法走出时光的遮蔽与消融。傩庙、傩画，已坍塌散佚在历史的风雨中。“八十大王”等四个傩面，是长径村傩舞久远历史的印证，也是村里艺人胡振坤舍身收藏的遗存。胡振坤一生为傩舞的记忆活着，他后来也成了婺源傩舞的记忆。在长径，经年随着崇福桥下小溪流淌的，还有《开天辟地》、《刘海戏金蟾》、《后羿射日》、《孟姜女送寒衣》、《魁星点斗》、《舞仙鹤》、《耘田》等二十多个原生态的傩舞节目，并以传承的文化景象，吸引着专家学者的目光。傩舞，像民间土壤在山水大地沉淀的发酵，处处呈现农耕文化的意象，既有反映神话故事与民间传说的《开天辟地》、《太阳射月》、《孟姜女送寒衣》，又有模仿动物习性的《舞仙鹤》、《猴子捉虱》，还有模仿农耕狩猎的《耘田》、《捉鸟》等。舞傩的道具，除了傩面、衣饰，大多是村民的生活用具，比如笊篱、晒盘、木椅、木棍……村民答谢舞者的也是一小碟黄豆、芝麻、大米、茶叶。傩舞跳起，寄寓了农耕的人们对风调雨顺、五谷丰登、人畜平安的祈愿。大年三十，傩神“八十大王”（相传是秦始皇的长子扶苏，因被赵高和胡亥所害而得到老百姓的同情，于是他成为了驱傩的主角）、“老郎菩萨”（唐玄宗李隆基热爱戏剧，深受伶界崇敬，被戏曲界尊称“戏祖”，供奉他为“老郎菩萨”）都请到了崇福桥上，村民从凌晨开始拜“菩萨年”。设神案、摆祭品、焚香、点烛、烧纸、磕头、礼拜，一步步的程序，都充满了虔诚与敬畏。倏然间，从他们虔诚的焚香叩首中，仿佛有神灵站在高处看着，我却不知道神灵的目光在哪里。祷告，是人与神的对话。许是我的道行不够，屏息静气，还只听到了人的喃喃自语。

相传在长径村的老规矩中，村里的小姓（胡姓）跳傩，大姓（程姓）保管行头、面具，而这样的规矩，不知道出于什么原因，在崇福桥桥亭重建的时候就破了。村里驱傩神班跳傩，日子是排定的，每年十月十五举行开箱仪式，十一月十五开始传授傩艺（传男不传女），十二月二十四在程文著众屋进行一场类似于汇报表演的演出。经过漫长的铺垫，大年三十在崇福桥拜过“菩萨年”，正月初二《追王》“斗傩米”才算正式演出开始，而后，再打醮确定去外村跳傩路线的方向，无论走官桥，还是走秋溪的永济桥，抑或走里焦的仁里桥，走出去了，就要一径跳到清明谷籽浸种的时候，才回村里种田。傩，对于长径的村民而言，是生活的一部分，是生命与大地、自然交流的载体，还有原始的图腾崇拜。傩舞之中，每一个动作的力度，甚至服饰道具的色彩，都透着民间的朴拙。他们年复一年地沉湎其中，每一招每一式都源自师传，他们知道跳，知道舞，懂得对大地自然的敬畏，只要会意，却无须更多的诠释。

正月伊始，长径村处处涌动着民间的本质与生动，村民跳起傩舞，闹起新春，祈福迎祥。崇福桥前的土坦上，人头攒动，里三层外三层围得紧紧的。在我的正前方，摆着一个竹篾编织的竹箱，正面写着“长径村驱傩舞”等字样，箱里装着各式傩面。随着傩旗飘扬，锣鼓声声，无论舞者还是观众，都仿佛进入了时空的穿越，抑或神秘的体验。舞者身穿蟒袍彩裤，头戴傩面，脚穿布鞋，以《开天辟地》开场，威武、勇猛，表现出盘古开创乾坤的英雄气概；《丞相操兵》再现了秦朝丞相李斯带兵操练的情景，鼓乐铿锵，舞姿豪放，古朴而夸张；《孟姜女送寒衣》中的“妮行步”，优美、典雅；《打松鼠》中的“斗指棍”，刚劲、简练……犹如电光火石，《追王》的出场，将我带入了一个奇幻的境地。铳响锣鸣，药炉引路，“八十大王”手舞开山斧，如策马狂奔，观者追随其后，过桥穿巷，一路浩荡。无论男女老少，只要追上“八十大王”，让开山斧在头上刮过几下，都将驱邪祈福，预示好运连连。这样的祈愿与祝福，都蕴含在《追王》一唱众和的唱彩之中：“伏羲，说财大旺，新春以来，重出中堂，和合喜神，八十大王来收场。一年四季，添进人丁，广进财粮……种起五谷，五谷丰登……”在充满激情的唱和中，我感受到了村民心中对美好的那份萌动，还有大地与生命的种种可能。

有谁会想到，从崇福桥拜“菩萨年”开始的长径傩舞，走向了广袤田野，就为婺源傩舞的传承提供了范本。在长径傩舞中，有个《叠罗汉》的节目，八个罗汉边喊“逐疫词”边搭架子作“天桥”，以“莲花”、“双桥”动作演绎神灵的通道，让神灵降临带来福祉，而崇福桥的“菩萨年”，又将会给长径村带来怎样的惊喜呢？

旷野芜桥

——湮灭或即将湮灭的桥影

一

在婺源乡村的词典里，桥不仅是通行的工具，亦是婺源人智慧和力量的体现。桥，曾在不同的年代，经久地丰富延伸着婺源人的情感和想象。我看不到地球绕着地轴自西向东地旋转，却能感受到自然、生命的变化。在强大的时间面前，旷野中的石桥、河床，甚至水都在变化，再坚硬的石头也抵不住时间的消融。何况，还有自然的灾害与人为的因素呢。从沱川去篁村的路上，我一直想在消隐或残缺的桥上，找到一个桥与乡村的契合点，而这些都成了村庄最后的怀想。

理源河、中川河、川西河交汇，形成了沱川三溪口，并在当地赢得了“金钱湖”的大名。三条溪流的出口处，分别有梧桐桥、登瀛桥、皂角桥紧锁水口，仿佛手牵手，隔河相望的燕山、鄣村就连在了一起。梧桐桥离三溪口最近，架在理源河的出口，是一座石板桥,桥中青石刻有“梧桐桥”的字样,两头还刻有“道光己丑冬（1829）三溪众建，咸丰壬子（1852）重建”等。皂角桥与登瀛桥的场景，是在村里老人的记忆里打开的：皂角桥的前身是“赵家桥”，建于明末。一如对梧桐桥的一种呼应，皂角桥是赵家桥倒塌后众人合建起的名字。皂角桥距三溪口百米左右，青石“燕嘴”筑于河中，长而宽阔的青石板搭在“燕嘴”与河岸上，历经三百多年，没有被洪水冲毁，最后因建公路桥而被拆除，终结于二十世纪七十年代。而登瀛桥是居于梧桐桥和皂角桥之间的，雄跨于中川河上，独拱，桥身高耸。无论从哪边上登瀛桥，都要走十几级石阶才能登上桥身，桥面上的压桥石考究，是花岗石的，桥面上还摆放着两座石龛，分别刻着“登瀛桥”、“泗洲大圣”的字样。石龛的边上，矗立着一根如来柱（经幢）。“雄联鄣岳，远接湖峰，夸胜地巨关，迷雨雾风千壑树；静锁烟岚，幽通梵宇，喜良宵清景，满川星月一声钟。”这副长联，是明代著名学者余绍祉对家乡登瀛桥及村庄风光的写照，地理的，人文的，体验的，感悟的，个中的渊源关系都一一囊括。登瀛桥的建造时间要比皂角桥早一百多年，它毁得也比皂角桥早几年——崩塌于“文革”时期的“破四旧”。三溪口的“金钱湖”失去了踪影，三溪口上的三座桥也只剩下梧桐桥孤寂的身影。那个曾经生活在皂角树边赵姓人家的身世，以及登瀛桥上走过的那些赶考秀才与徽商的身影呢，都如水般流泻了，终将模糊淡出村人的记忆。

鄣村位于鄣公山下，又名鄣麓，宋宣和二年（1120）当地篁村人余仁斋迁入建村，因地而名，平和、朴实。相对于鄣村，燕山的村名却藏有故事：南宋初年（1127），篁村人余梅斋迁入，他生有五个儿子，自我比喻成五代时的窦燕山。“窦燕山，有义方。教五子，名俱扬。”或许，余梅斋是在读《三字经》时，偶得燕山的村名的。

二

在婺源乡间，“鲤鱼跳龙门”的传说总是与中举、升官等飞黄腾达的事联系在一起。而类似这样的传说，却以物象存在于篁村小溪源。在篁村，胡坧桥之上有大溪源与小溪源两条溪流汇合，大溪源的水从天门大峡谷奔泻而来，小溪源的水是从金刚岭和三台山流来。两溪汇流的地方，有一道五米高的石碶，石碶下是一处深潭，潭边有几块耸立的青石壁，一如几条昂首向上、跃跃欲试的鲤鱼。在石碶的上游，还有一座古老的石桥——黄榜桥。这样的景象，应与“鲤鱼跳龙门”异曲同工吧。

“犁壁形”，是当地人称甲山的土名。唐宋时期，甲山前后就有楼下、金家两个小村庄，分别居住着楼姓和金姓人家。明末清初的时候，两村都走出了富商巨贾，当时人称“金家金百万，楼下百万楼”。仿佛海市蜃楼在楼下、金家的出现，当地人只记住了两村的盛景，至今却无人知晓最终导致两个村庄消失的缘由。从黄榜桥溯溪而上，走两百米左右，还有一座独拱石桥——金源桥。两座桥都呈南北跨向，形似姊妹桥。不同的是：黄榜桥仅高出石板路面两三个石阶，而金源桥却高出路面二十个石级，桥长有十五米左右，宽、高分别有五米、八米，桥身拱立，颇具气势。桥面上，灌木丛生，藤萝缠绕，杂草葳蕤，一片荒芜。垂挂的野藤爬满桥身，参差披拂，遮掩了整个桥洞。远远看去很难辨出桥形了，败落而颓废。没有人知道，金源桥是否是金家村留下的最后的残痕！

在金源桥之上的真武庙前，是一座石板桥，“太公桥”的桥名让人感到非常的亲切。石头叠起的桥墩，青石板搭在溪磅，就成了一座八米长的石板桥。建桥者是谁？桥建于什么年代？如此阔大的石板取材于什么地方？这一个个的问号，都找不到答案。附近的村民说，太公桥可能与一位称太公的人有关，不然就不会叫太公桥了吧。然而，太公只是一个尊称，太公又是谁呢？从某种层面上看，历史应是人所记得的人、事，甚至物，但太公桥真实地存在于真武庙前，它是存在于历史深处的，你能因为它没有记载没有传说，说它没有历史吗？绝对不能！像“太公”一样，在乡野大地，有多少人创造了农耕文明，但他们在历史深处，哪一个不是走得悄无声息？真武庙中，供奉的是玄天上帝，民间称玄天上帝为荡魔天尊、报恩祖师。真武庙前，香火不断，而与之相邻的茶亭呢，早年就废弃了。桥，一如人生必须经过的路。对于香客、茶客也好，以及过往的行人也罢，太公桥的太公，还应是前行路上应该记住的一个隐喻吧。

三

像刚从一个谜里出来，又钻进了另一个谜里。去王封，是为了寻访王封桥，还是去追寻村庄历史上一个失落的主题？我自己都很难说得清楚。

镇头王封村是由附近岭下的方姓迁入建村的。王封村名的由来，相传祖上先人殿试中进士，而蒙御封。一片以樟、槠、栎、银杏等树种组成的水口林，荫蔽着村口，让通往村里村外的道路连成了幽境。在王封村口，临街有一间旧店铺，铺面墙基上苔藓泛绿，地上石缝里长有杂草，铺板古旧而紧闭，一把铁锁锁在了锈迹斑斑的店门锁牌上。我向八十多岁的方初芽老人打听王封村的历史和王封桥，她也讲不出个概况。山峦、田畴、古树、民居、旧店铺、石板路，构成了王封村的轮廓，以一代代王封人的生息构建着村庄历史的长度。在王封这样只有七八十户人家的村落，我不知道还有多少赖以生存的事物在延续，或者消亡。

在王封建村的一千多年前，村庄与江西吴姓的始祖吴芮有了关联。吴芮（公元前241—前201），春秋时吴王夫差的后裔，为秦汉交替时期的百越领袖，江西历史上第一个有明确记载的杰出人物，赣鄱文化的奠基者。他的英年早逝，成了一个历史之谜。据民间传说，吴芮的灵柩经过镇头王封时，恰逢山洪冲毁了河上的桥梁。于是，下属只有将吴芮的灵柩封于河边，待水退后重新建桥再扶灵柩前行。“婺源东北诸乡多有庙，或因王（吴芮）车所历，或因王柩所过，祠之。”（《郡志》）吴芮去世后，婺源人为他立碑建庙，祭以香烛，是对他深情的缅怀和一生功德的最好评价吧。河边的王封桥依在，但已经不是两千两百多年前汉代的建筑物了。与王封村隔田相望的鸡山，成了长沙王吴芮的归宿地——“墓坐南朝北，封土呈弧形，高十米，宽五米，长八米，四周青石罗砌。墓碑有二，阴纹字迹清晰，一刻‘延陵郡三十世祖汉长沙王讳芮谥文吴公之墓’（清雍正十一年立），一刻‘汉长沙吴文王芮墓’（清乾隆二十八年立）”（《婺源县志》）。历史是苛刻的，吴芮身列江西王侯第一人，《汉书》上对他的记载也只有二百零三字。鸡山的海拔虽然只有四百六十多米，我却无缘上鸡山去拜谒吴王墓。

透过历史的迷雾，镇头王封一带秦时隶属番县（今鄱阳县），汉为余干县所辖，吴芮安葬鸡山，称得上是魂归故里吧。王封桥边的稻田，已经过了收割期，稻子早就退出了人们的视野，稻田里空荡荡的，苍茫一片。王封桥上也是空空的，很少有人经过。

四

早年到婺源的人，对婺源的“婺”字感到生僻，因为“婺”字只与地名有关，别无他解。譬如：婺水（水名，在江西婺源）、婺女（古星宿名，即“女宿”）、婺剧（浙江省地方剧种之一）。而婺源人则别出心裁，把“婺”字拆解了，说是文武双全的女子。说法虽然有些牵强，但很容易让人记住。偏安一隅的婺源乡村，从早年的不为人知，到如今人们的钟情之所，似乎其中有着太多的机缘。

婺水的发源地在海拔一千四百米的香油尖，它流经的第一个村庄便是水岚。翻过山，便是景德镇浮梁县地界了。撇开村庄的历史，我也想从一个传奇的故事进入水岚：村里一位名叫詹庆良的少年写了一本日记，五十多年后，这本日记辗转流入到了上海的旧书摊上，被复旦大学的王振忠教授看到了，他便买了回去。王振忠教授热爱徽州文化，当他深入婺源做“田野调查”时，在水岚村口遇见的第一个人竟然就是日记的主人。王振忠认为，这本日记让“一个普通的山村少年，不经意间站在了历史和地理的边缘，以其鲜活的个人生命印证了历史的脉动和人生世态，提供了传统历史编年之外的一份民间记录”，让他酣畅淋漓地写就了《水岚村纪事·1949年》一书。

王振忠遇见詹庆良的村口，便是水南桥。水南桥建于清康熙二年（1663），以青石叠砌而成，为单孔石拱桥，桥长十三点六米，宽四点五米，高四点三米，仿佛连接村庄的一个支点，拱立于潺潺的小溪之上。桥东矗立着“如来佛柱”（经幢），而桥西呢，有座“汪王庙”（汪帝庙），周边还有参天的红豆杉、香榧、樟树、枫树。村东的坡地上，有一座“詹真人庙”，供奉的是村庄詹氏祖先“万六公”。《詹氏宗谱》记述，詹道，号真人，亦称万六真人，是一位传说能祈雨禳灾的异人。在封建时代，詹真人庙、汪王庙成了村民祈雨、祈福求祥的场所。一个在南宋建村的村庄，连同詹真人庙、汪王庙、水南桥一起，宛如古树裸露的树根，老成了一个故事。

“瀑布杉松常带雨，夕阳苍翠忽成岚。”清代的时候，村里的读书人依照王维的诗句，把村庄“水南”的初名更改为水岚。于是，幽幽的山溪边，古老的村庄多了几分氤氲的岚气。村中肇英堂、阳公祠、福生公祠依在（值得一提的是，肇英堂不仅是水岚詹氏的统宗祠，中共皖浙赣省委曾于一九三六年四月在此召开军人大会，成立了“皖浙赣红军独立团”），而水南桥在一场又一场的洪灾中被冲得千疮百孔，如来佛柱（经幢）也已经倒塌。

伫立村口，我突然冒出一个悲观的想法，若是水岚水口失去了水南桥，水岚村将留下怎样的缺失呢？

五

恍若一幅美妙的山水画，浑然天成：高山环抱，古木森森，小河绕村庄将近一周，成就了“中国最圆的村庄”——菊径。几年前，摄影爱好者打破了村庄的寂静。镜头里的菊径，枕山面水，圆润而充满烟火气息。

菊径村处在古坦去灵岩古洞群的途中，山如屏，水如镜，形如八卦。据《何氏宗谱》记载，菊径的始迁祖为何嘉，他于宋朝乾道己丑年（1169）由乐平柳桥迁居至此。村名原先叫九径，明永乐戊戌年（1418），裔孙何式恒取陶渊明《归去来兮辞》中

"三径就荒，松菊犹存"之句，更名为菊径。

青石板的古道依在，一条沥青的公路仿佛在村庄腰间的玉带上镶了一层边，绕着河道而过。河水浅浅的，清澈见底，在秋日的阳光下十分透亮。河埠边，几位村妇伏着身子洗衣裳，有说有笑的，心情一如天气的晴朗。河滩上，有竹盘晒着萝卜丝，有竹叉晒着南瓜圈，有竹竿晒着衣裳，呈现出村庄生活的常态。临河的巷口，老人们三三两两的，坐在木凳或火桶上晒太阳，悠闲、自在、慈祥。村庄似乎正在呈现破旧迎新的格局，进入视野的民居新旧参半，靠近河道还有两幢新房在加紧建设，只有隔河相望的何氏宗祠宠辱不惊，默默地看着村庄的变化。

菊径村与何氏宗祠是由一座廊桥连接的，这是村庄遵循的一条民间秩序的通道，桥的一头正对祠堂的耳门。正当我对桥头挂着"太平镇"的匾额产生疑惑时，村长何前生说，这块匾与廊桥、村庄都没有半点渊源，它是几年前《爱在战火纷飞时》剧组为拍摄场景设置悬挂的。说到牌匾，仿佛触到了他的心事。他痛心地说，祠堂里有一块大明崇祯皇帝于崇祯元年御笔亲赐的"黄阁调元"匾，原挂在十几米高的正堂大梁上，可惜在二〇一一年被盗了，虽然向公安部门报了案，但至今还是下落不明……

祠堂、廊桥，还有边上的古樟，仿佛都定格在数百年前的风景。曾经生活的密切，在不知不觉中渐渐地改变了路径。宋代的祠堂，清代的廊桥，以及建祠堂栽下的樟树，都成了村庄记忆的背景。而这样的背景也是缺失的，我在村里访问了几位上了年纪的村民，没有一个能讲出桥名。

古时，菊径村的范围还要上下延展三里，上至早口，下至周村，共有三座廊桥，桥长十八米、二十米不等。早口村的廊桥坍塌于二〇一二年，三根一人合抱粗的木梁还横卧于溪边；而周村的廊桥也颓败得不成样子了。相对于现在早口、周村的村名，我还是偏爱古时的村名——藻口、双溪。后来，我费尽周折才查到这三座桥的桥名：田末桥、藻口桥、双溪桥。

菊径村往外走，到古坦村有六七公里。公路两边的山上，枫叶飘红，柽籽花白净，绿红白相间，十分养眼。枫树的烈焰，点亮了深秋的路途。古坦村原是古坦乡政府的所在地，千禧年后，县里实行撤乡并镇，古坦乡与大鄣山乡合并了。在古坦村村口，早年是鄣公山垦殖场南山林场的场部，古坦河就在南山山脚流淌。垦殖场是一九五七年开始出现的产物，类似于国营农场，而南山林场是以林业为主的生产基地。办这样的林场，初衷是让下放干部和知青锻炼的，后来逐渐发生了改变，而最终也只维系了五十年左右。挨近南山林场（实际上，南山林场已不存在了）的河上，和顺桥已败落坍塌得看不出廊桥的样子了。有时，对于过去的事，遗忘也是可怕的。我绕到河对岸的田里，向正在种油菜的村民洪兆年、洪胜英打听和顺桥坍塌的具体年月，他们回忆了许久，还是没有给我一个准确的答案。他们究竟是忽略了，还是熟视无睹呢？

返身时，我看到了一条河的冷清，看到了一座“燕嘴”桥墩在河中的孤独与败落。一条废弃了的长满杂草的路，成了和顺桥孤独与败落的陪衬。

六

从走进山环水抱的豸峰那一刻起，我的意象恍惚笼罩着一种时光的落差，它被养生河的波光与石桥、溪埠的水景迷幻着，被泥土与稻谷混合的农耕气息包围着，被幽深的巷道与蚀朽的祠堂里古朴而凝重的色调遮蔽着，让我陷入对豸峰过往历史的追寻与猜想。豸峰、孔村、坑头三个古村，一座一座古桥仿佛是缀在十八里桃溪盛装上的盘扣，古朴、韵致，而鹅峰山下的桃溪源，是三个村庄共有的源头。北宋末年，坑头村潘椿年建寨于回龙山口，取村名“寨峰”。清初的时候，一位官员路经此地，疑村名有结寨谋反之嫌。在清代执政者的游戏规则里，豸峰曾被地方官员写进奏章上奏朝廷。豸峰村名的由来让人回味，在清代以前为“寨峰”，之所以改名豸峰（亦称豸下），是为避结寨谋反之嫌，也因此躲过了一场劫难，让铜锣形的村庄没有破碎。后来，太平天国的战火还是燃到了这个藏在婺源深山的村落，殃及了祠堂等一些公共建筑。随着冲天火光的熄灭，灰烬里都是历史的隐喻。

豸峰村与孔村之间的荥阳桥，属石拱桥，难以置信的是出现了许多虚空的石洞（当地人传说是溪中的石蝎吃空的），上面砖墙鳞瓦的桥亭已破败不堪，仿佛废弃了多年。桥的伤口是桥身的裂缝，而这样的伤口还会痊愈吗？谁会想到，豸峰村村头的荥阳桥系孔村众人建。他们建荥阳桥时，也烙上了崇宗敬祖的印迹。据说，"荥阳"是为了纪念村庄的祖先——曾任河南荥阳知府的潘佑。而村庄根脉相连中，又怎能忍心出现如此的败落与颓废？

宛如豸峰这根大树上的一个枝丫，"成义堂"只是豸峰总祠"企贤堂"遗存的一个分祠，看到祠堂建筑的气势，我不难想象豸峰曾经旺盛的景况——在《桃溪潘氏豸峰支谱·基图》上，不仅记有村庄总祠"企贤堂"，还有"棣辉堂"、"立本堂"、"承志堂"、"养源堂"、"尚义堂"等九座分祠。然而，当热心的村干部潘锦源打开祠堂的侧门，一股经年的蚀朽的霉味扑面而来，有的木柱已被白蚁噬空。建于清代嘉庆年间的成义堂，给我的第一印象，像一个步入了风烛残年的"四水归堂"庭院，三面围廊、寝殿、廊间，组成繁复的建筑结构，精美的雕饰，呈现着过往的奢华。正堂上方，三百六十五块木榫组成螺旋斗拱的八角穹藻井，仿佛是对一年日子的衔接，又似一个个日子组成岁月的迷宫。斗拱中央三层莲台，木雕龙凤，月梁梁托上木雕狮子倒挂，诠释着民间图腾的意象与心中的祈愿。祠门朝临桃溪，入口八字照墙，古桂蔽阴的水磨青砖门头上，"通奉大夫晋三公祠”的字样清晰可辨。祠堂的墙边，耸立着上一年村里迎花灯的龙头，失去了皮纸的装饰，失去了烛火的光影，曾经威猛的龙头也只剩下一副竹篾编扎的头形了，只有遗结在灯板上的烛蜡，残存着花灯庆龙的喜庆温度，以及辞旧迎新的记忆。

“负阴抱阳，左辅右弼，南有玉带水、案山、朝山。”在豸峰的山光水色中，在维新桥头，在深幽的古巷里，一个家园的梦境沿袭千年：维新桥下的养生河，在流水的生动中，有“红鳃”、“毛参”、“翘嘴白”、“黄丫丁”的小河鱼在穿梭游弋，安然、鲜活；建于清代乾隆年间的“涵庐”的意境，“延年堂”中“瑞霭门闲”的写照，还有古民居的朝向，巷道的设置，都是尘封岁月里一代代豸峰人古风的传承，还有心境的延续。

然而，预示着进入十八里桃溪的“桃源初步亭”与“引胜桥”、“印墩桥”都失去了踪影。据村里人回忆，建于清代的石拱桥——引胜桥，毁于二十世纪八十年代的一次公路建设。在简陋的村委会办公室里，我邀了村中几位老人座谈，一起沉湎在豸峰过去的时光与民俗风情之中。你一言我一语，讲的是地方方言，话题绕不开豸峰“寨冈文笔”、“田心石印”、“回龙顾祖”等景观，“孝子坊”、“节妇坊”、“大夫坊”、“社王庙”遗址，还有正月十八祭汪帝的风俗活动，以及生辰寿诞礼俗……然而，在他们的记忆里，有关村中桥的典故却几乎为零。桥，经年默默地承受着人们的过往，人们居然就这样将它的身世轻易地遗忘了。

七

山峰对峙，溯着山脚的小溪在山坞里穿行，或依山势而起伏，或越桥过溪，或绕村而行，我们的目的地还在遥远的前方。从上溪、高枧段、桃源，到青石、枣木汰、东溪，再到里庄，元养兄驾驶越野车，陪我一路走走停停，沿着武溪溪涧跑了二十多里的砂石路。路上，车颠得厉害，扬起一路的尘土。到了里庄，公路就到了尽头，抬头就可以望见五梅花尖了。山的那边还是山，却属于安徽的地界。一路上，我看到了古老的石拱桥和平板石桥共五座，有的桥身长满了藤蔓与茅草，有的只剩下“燕嘴”，但无一例外地当地村民都说不上桥名。相比之下，那次从江湾旃坑的凝秀桥出发，翻山过坞，走二十多里的蛤蟆岭到小溦村水口，看到的只是一座大鹅卵石垒砌的拱桥，更加辛苦与无奈。因为，小溦村村民根本说不清楚桥名，也记不起先人与桥有关的故事。

在东溪村水口，一座石拱桥横跨溪涧上，衔山跃水，古老而完整。古樟遮蔽的桥头，除了有玄帝庙，还有华佗庙。庙很小，低矮、简陋，墙是新粉的，砖墙还有一层石灰覆盖的新白。庙里的旗幡、布幔，新的色彩艳丽，旧的褪去了原来的本色，而善男信女的名字依然显眼。桥底，堆着中秋废弃的禾秆扎成的稻草龙。从播种到收获，是村庄季节的连接，是村民年复一年生活的希望，一如稻草龙保有的图腾。烟香湮没，烟火消散，躺在水口的稻草龙，是否藏着村民丰收节庆的喜悦，还有夜晚舞动时一如飞火流萤般盘旋呼啸的记忆？亦真亦幻，美妙而神秘。或许，这里是东溪村民间信仰的一个入口吧。六十九岁的村民李文元，站在水口挠头想了很久，还是没记起桥名。再向一位从桥上经过的村民打听，结果也是一样的。在婺源，有村庄的地方，就有水口，有水口的地方就有桥，让我惊讶的是，像东溪村这样一座村民还在天天走的石拱桥，村里竟没有人能够说出桥名和桥的建造年代。水、桥、树、庙，在水口共生共存，是风物常态，而桥作为公共设施，它的功用依在，但桥名怎么就丢了呢？往往，这样的桥是没有碑记的，大凡没有碑记的桥，都是早年民间公众的匠心。

里庄，村前村后都是茂密的树林、竹林，林相很好，郁郁葱葱的，随着山势而铺展。溪涧里，清清浅浅的流水，绕着涧石打着小旋，顺势而下。村庄依着溪涧两岸而建，有新崭崭的楼房，也有残瓦老墙的老屋，还有木板搭在山磅上的猪栏棚。村头并不宽敞，地上还堆满了砂石、水泥。溪涧上，有毛竹、圆木搭起的晒场，竹簟竹筛里晒着金黄的稻谷、黄豆，红红的辣椒，还有绿色的箬叶，色彩十分的明艳。溪边坦上，村民摇着风车在呼啦呼啦地扇谷。与村里上了年纪的老人闲聊，他们说，原先溪涧上是有木板桥和平板石桥的，现在都被水泥桥替代了。

我茫然地背着相机走了，一如背着一份失落感离去。

八

对永济桥的描述，我想从这片洲滩开始。

一年之中，有两个季节洲滩是被淹的，永济桥也是被淹的。只有在涸水季节，才能看见永济桥，才能看见这片洲滩。民间有句俗语，十月小阳春。虽然是十月下旬了，小阳春的气象依然在洲滩上生发着。贴着松软的洲滩，有一层浅浅的绿意，挨近桥边，还有一大片像红花草一样的小花，粉粉地开着，随意、盎然。洲滩的远处，连接着段莘水库的水面。浩淼的水面上，亮亮的，泛着天光。

相对于宽阔的洲滩，永济桥下的小河就显得有些小气了，河面只有十几米的样子，河岸与河床的距离也不很分明。河水清澈见底，穿梭游弋的小鱼，让水面生动起来。水面上，便有了永济桥带着波纹的倒影。时间先将永济桥的建桥者湮没，而后，段莘水库的水再将永济桥淹没。许是长期被水浸泡、荡涤的缘故，永济桥的桥面已经面目全非，露出了粗粝、狰狞的模样，有的地方都塌陷了。在当地，永济桥又叫“三孔桥”或“三眼桥”。相传，永济桥是清代的时候由王村三个财主捐资建的，每人捐资建了一个拱，王村与腾坑之间的河面上就有了三拱石桥的倒影。我没能找到永济桥的碑记，却从拱桥的桥额上，分别看到了石刻的“永济桥”、“挹秀”、“揽胜”字迹，还有桥上虚空的写意。

王村、金村、腾坑三个村庄，连成一个三角形，且建村于不同的朝代，王村建于唐末，而金村与腾坑，一建于元末，一建于明弘治年间。腾坑村的富裕与乐善好施在婺源是有名的，民间流传一句“讨饭无门到腾坑”的俗话。聊起永济桥，王村的王松林老人也说不清楚建桥的具体年代，但他听长辈人传说，当时建永济桥看重风水，王村人便改了河道。从话音里听得出，对于其他村庄，王村在历史上是有几分霸气的。

回岭、觉岭、五龙山水，共同汇成了段莘水。一九七〇年，婺源举全县之力，拦河筑坝，建成了婺源目前最大的以发电为主的水库——段莘水库，有效库容达四千一百五十万立方米，方圆六千亩的水面变成了烟波浩淼的高山湖泊。段莘水库储水之日，便是永济桥没入水中之时，同时没入水底的还有永济桥下首的段莘村。说起段莘村与段莘水库，有必要说说段莘一位未卜先知的神秘人物——汪绂。汪绂（1692—1759），号双池，明代南京兵部尚书汪应蛟元孙，清代名儒，著有《易经诠义》、《诗经诠义》、《山海经存》、《理学逢源》、《医林纂要探源》等。当地人以汪绂号双池，称他为“双池先生”。汪绂临终前，让乡人将他安葬在洋边村背后的山坳口处，好看着段莘“三百年后水汪汪，三百年又小苏州”，“埋上三尺浴阳光，埋下三尺遭水汤”。汪绂的遗言，让处理后事的土夫们摸不着头脑，左右为难，就将他的墓碑立在“上三尺”位置，将他的墓冢埋在了“下三尺”处。汪绂一语成谶，两百多年后，小桥流水的村庄成了高山平湖，他的墓冢连年受湖水浸润，而那青石墓碑经年“浴阳光”，面对一湖“水汪汪”……

五龙山下的裔村，处在徽饶古道上和段莘水库库区的边缘，村庄水源发脉的地方，便是饶河的发源地。饶河为江西五大河流之一（全长三百零二点四七公里，流域面积为一万五千四百二十九点一一平方公里），发源的莲花顶海拔高度有九百一十四点二米。裔村，唐末开始建村，历史积淀丰厚。翻开裔村村史：一九三四年九月，红军北上抗日先遣队（红七军团）曾途经这里，转战安徽休宁县；一九四九年三月，婺休县人民政府在这里成立……八十多岁的汪培生老人的祖居屋，就是当年婺休县人民政府办公的地址。在他的记忆里，裔村历史上不仅有钱塘寺、净慈庵、汪帝庙、关帝庙、七层塔、文昌阁、崇本堂，还有溪水相映的单拱聚源桥，以及上、下石桥。然而，这一切都在不同的年代废弃或消失了，我只能是随着汪培生老人的记忆去漫游了。

而摧毁这些的，虽然说法不一，但有一点可以肯定，泯灭的人性、无知的力量，大过自然的灾害。无论永济桥、聚源桥，还是上、下石桥，都是古时过往商旅和当年红军北上抗日先遣队的必经之路。然而，村里的年轻人已没有几个能知晓这些了。从裔村去回岭，汪吉祥老人是我们进山的向导，出发时他不忘在腰间系了把镰刀，说古道的路荒着呢。沿着一条荒草簇拥的石板路，进入了通往回岭的幽谷。叠起的石岭边，除了野生的茶丛，秀气的灯芯草，挺拔的大茅，缠绕的茶菩藤、萝嘟藤，还有破败的石亭、挺拔的灌木林与竹林。一路上，跨涧的石桥，形式、长短不一，仿佛只是通向回岭的一个又一个连接号，却失去了注解。从裔村返还，回到金坑茶场的水泥公路上，不时有农用车、摩托车从身边奔驰而过。远远地，当我再去回望永济桥时，还是感到了一种断裂的疼痛。

九

隔山两湖，息息相通。段莘水库建成二十年后，一山之隔的晓庄也开始建水库，设计有效库容五百六十万立方米，装机二千四百千瓦。晓庄人为家乡的水利建设，进行移民搬迁，又有多少人要虚构一条回乡的路?

沿着段莘水库溢洪道平行的公路上行，翻过晓庄岭头，高山平湖的风光，以及耸立的石后尖与五龙山便跃入眼帘。与春天的水位相比，晓庄水库深秋的储水量起码少了一半，水库周边裸露的泥土与石头就是最好的标记。山边谷地，一树树的香枫，红叶飘忽；一树树的银杏，金叶灿灿；而一棵棵的栗树，叶却落光了枝头；只有香樟、棕榈、毛竹、红豆杉是苍翠的。所有这些，仿佛都是对五龙山的一种铺垫，向着山峰绵延成苍茫。晓庄，原有外村、上村、仕村、源头、宋村、李家山等自然村，村子都不大，小的十几户，大的几十户。在二十世纪九十年代初建晓庄水库时，外村、上村、仕村都移民搬迁了。搬家的时候，一百八十户人家排在山路上，可以排成很长很长的队伍吧。连同村庄的往事一起，淹入水底的还有上村桥与天府桥。这两座石拱桥的身世淹没在水中，也就失去了踪影。

“十里源头活水流”。发脉于五龙山的水，越涧旋石，流经源头村，源源不断地注入晓庄水库，就有了气象。源头村是进五龙岭上五龙山的必经之地，村中的木桥都改成了简易的水泥桥。村头一户人家的木桥，原来直接连着后门口，如今只有一双桥脚孤零零地立在溪中。一径往山谷走，涧水相随，一路除了青石板铺的平板桥，还看到突兀的涧石上两三根杉木搭成的简易木桥，以及一丘丘的田里耸起的禾秆城（稻草垛）。耸起的禾秆城里，藏着怎样的农耕意象？

时光是回不去的，就像山坞口的那座石拱桥，也很难找到自己的过去。桥跨在溪涧上，而溪涧里的水没有半点眷顾。建桥人的梦是建在溪涧上的，溪涧里的水荡漾着跑远了，对桥与建桥人也就失去了印象。约是十米四米的长宽度，对于一拱的石拱桥来说，规模不算小，桥头靠山的石壁上还立着一块一米多高的桥碑。青石板的桥碑，已经风化得一塌糊涂，连碑额上“××桥碑记”的大字都很难辨认，密密麻麻的碑文更无从谈起。我纳闷的是，源头村的村民对桥名的叫法莫衷一是，建桥人和建桥年月也就成了谜团。这就是一座桥的结局吗？桥还跨在溪涧上，名字与身世却如何遗落在涧水里流走了呢？

在源头村的小卖部门口，詹金善老人对我说，村里历史上的许多事都没人说得上了，弄不懂的事多着哩。

十

朱元璋是一位富有传奇色彩的皇帝，民间关于他的传说很多。然而，出生于安徽凤阳，在南京登基的朱元璋，与婺源大畈又有怎样的传奇故事？至正二十八年（1368）正月，四十岁的朱元璋结束征战，告祀天地，于应天南郊登基，建国号大明，改元洪武，以应天为南京。消息传来，婺源鳙溪的村民为结束战乱而欢欣鼓舞，奔走相告。鳙溪，是朱元璋十三年前攻取婺源州后到过的地方，村民便将他登临的西山，更名为“洪武尖”，上山的小路称为“洪岭”，还因他一句“好大一个畈”的赞叹，将鳙溪更名为大畈。然而，鳙溪上后来建成的黄家桥、花园桥、永济桥等七座平板石桥、石拱桥，却没有去追随洪武帝的足迹。

绕大畈汪庙圈，转过贵寿桥（原石护栏石拱桥，二十世纪七十年代改公路桥）和虬村田段，济溪半座牌楼就进入了眼帘。剩下基座、方柱、横梁的“郡宪坊”，仿佛是济溪历史淘洗的底片，峥嵘、斑驳而黯淡，与苍翠的柏树、灿灿的茅花、葱郁的樟树，在秋日里形成强烈的色调反差。斗拱与挑檐的踪影，失去在人性泯灭的年月，只有四柱三间的半节牌坊，孤独地立在济溪村口，让过往的目光去追寻济溪先人游廷用的德行。在济溪人的心中，游廷用已像一个远去的符号，很难还原到一个真实的人物了。从牌坊的文字上可以读出，游廷用曾在广东南雄府和福建兴化府任过推官。在明朝嘉靖年间，任职推官的游廷用，为何承沐后恩，受到旌表，其背后的故事，像济溪上原有的石拱桥一样，在远去的时光中已模糊到无法显影。

像游廷用一样，游震得、游应乾都是济溪石拱桥上走出去的济溪人，但两人的名望却在游廷用之上。游震得（号“让溪公”）嘉靖十七年（1538）中进士，官至副都御史，著有《让溪甲乙集》；游应乾（号“一川”）比游震得晚二十七年中进士，任过宁波知府、两浙都盐运使，后在户部侍郎的职位上退休，著有《四明水利图说》等。一个从南唐开始聚族而居的小山村，能够在明朝连续出现这样显赫的人物，能够在明清两代中进士七人，不难想象当时济溪文风之盛。“山川钟秀，文行兴贤”，这是游震得在嘉靖癸丑年孟秋为家乡题的，济溪人不仅将这八个字刻在了石碑上，更铭记在了心里。济溪从天堂山发脉，济溪村因水而生。一条清溪，在香樟、柳树的点缀下川流不息，两岸人家、店铺经年枕着潺潺的水响。相对于李坑、理坑那样的村庄，济溪村的村形大同小异，一条清溪穿村而过，而河床却宽阔得多。“永济桥，济溪布政游汉龙建；琉璃桥，游氏建；通济桥，游氏众建；新桥，赠侍郎游济生建；飞泉桥，游氏众建；广济桥，尚书游应乾夫人张氏建；中胜桥，游国良建；利济桥，太学游在廷妻汪氏建。已上俱济溪。”

（光绪《婺源县志》）济溪上的飞泉桥、琉璃桥、永济桥、中胜桥、新桥、利济桥、广济桥、通济桥，曾经点缀了村庄与山水间的风景，而这样的点缀却在不同的年月消失了。在济溪的上游，同时消失的还有八公田、坦竹山等村庄。

济溪村里，有人记住了石狮、牌楼柱、石础是从碎石片覆盖的河床上挖出来的，却没有人记得飞泉桥等桥墩桥面上的青石去了哪里。一位老人从石埸上牵着牛过溪，不知牛的脚是否碰到了河床上废弃的桥石？

十一

婺源的地名，处处有诗词的意境和儒家文化的底蕴，比如：梅林、桃溪、菊径、荷田、晓起、清华、赋春、诗春、和睦、和村、彰睦、仁洪、善坑……而唯独甲路的巡检司是个特例。“上、下严田之间，明嘉靖四十三年（1564），县曾设‘严田巡检司’，有弓兵三十名。”（《婺源县志》）在明清时期，巡检司是县级衙门底下的基层组织，类似于如今的关口与检查站。巡检司在上、下严田之间的徽饶古道上，仅仅设立了十六年就撤除了，却留给了当地一个永久的村名。这是地域鲜明的呈现，还是村庄模糊的怀旧？

不知道一山之隔的桃溪村潘姓在迁入巡检司后，是如何兴盛起来的。巡检司撤除一百九十多年后，也就是乾隆四十二年

（1777），村中建起了长二十四米宽五米的汇秀桥。在当时聚族而居的小村庄，汇秀桥的建设算得上是一个大工程了吧。即便在两百多年后，我沿着徽饶古道走进巡检司，依然能够感受到汇秀桥仍是村里醒目的公共建筑。我想，汇秀桥的“汇秀”含义不只是桥下缓缓而淌的溪水，还有溪边的桂花树、樟树、枫树，以及远处叠起的山峦。沧海桑田，汇秀桥见证了村庄的变迁。面对汇秀桥，我仿佛看到了行人从徽饶古道上纷至沓来。然而，倒在桥栏边的如来柱（经幢），一边壅塞的桥孔，桥头店铺的废墟，还有匿迹的茶亭，让我感到了茫然。不属于汇秀桥的东西还有：堆着的杉树、枞树、杂树，晒着的被褥、鞋子，以及豆萁。汇秀桥上，一位灰头土脸的老人撅起屁股在打豆。粗糙的手抱起一摞豆萁放下，木棍敲打几下，发出嚓嚓的脆响，豆子四处乱蹦，他就把豆萁撂在一边，如此反复。倘若不是亲眼所见，我怎么会相信桥面能变成晒场呢？一位打豆老人佝偻的背影，连着一座桥和一个村庄的苍老。桥底的水瘦得不能再瘦了，淌着浅浅的一汪水，一位老妪埋着身子在溪埠洗锅盖，刷帚游走在锅盖上，发出轻率而微弱的声响。打豆与洗锅盖的老人，成了汇秀桥桥上桥下的标点……

海清桥、明德桥、长亭桥、拱秀桥、流芳桥，这些都是去甲路岩前聚安桥途中的石拱桥和廊桥。聚安桥的桥长虽然只有二十六米，但桥的跨径有十八米，可以说是我在婺源看过的跨径最宽的石拱桥。据说，聚安桥的建造年月是清代，二十世纪七十年代原封不动改了公路桥，千禧年前，清赋线（清华至赋春）公路拓宽改造，聚安桥就开始闲置了。聚安桥的一头是苗圃，一头的地上排着长长的蜂箱，我绕来转去，两边都找不到一个人影。种苗圃的人不在，而那追赶花期的养蜂人又去了哪里呢？

聚安桥桥头苗圃与蜂箱呈现诗意的一面，却让桥面上的杂草、散落的枯叶，以及暴露无遗的塑料袋垃圾，还有破碎的酒瓶给糟蹋了。一座跨度二十多米的石拱桥，被改道的公路抛弃了，孤零零地立在河流之上。恍惚间，我觉得桥下的河流成了一条巨大的裂缝，越裂越开。空无一人的路，空无一人的桥。这就是一座桥与一条路的命运吗？聚安桥，一个极富祥和、力与美的桥名，正在时光中沦陷，直到孤独地死去。

十二

夫贵妻荣，这样的事多少让人有些羡慕。

以溪水分流而得村名的汾水，建村四百多年后出了一位吕荫，她嫁给了桃溪村的读书人潘鉴。潘鉴（1482—1544），字希古，二十三岁中进士，先后任南京大理寺评事、四川左布政使、都察院右副都御史、工部右侍郎兼右佥都御史、兵部尚书兼右副都御史提督两广军务兼理巡抚。婺源有句俗话，一个女婿半个子。显然，汾水村的门面就是潘鉴的体面。相传，汾水村要建祠堂，村里的主事通过吕氏找到潘鉴，他不仅捐款，还出面帮忙操持。

潘鉴做祠堂是有基础条件的，他任工部侍郎时，曾在湖南、广西、四川采办大木，对木材、工匠熟悉。据《明史·食货志·采木》记载："明嘉靖二十年（1541），宗庙灾，遣工部侍郎潘鉴、副都御使戴金于湖广、四川采办大木。"明朝名臣张居正在为《桃溪宗谱》撰写的序文中也提到了此事。后来，村里将集资建祠堂剩余的钱，建了村口的石拱桥。于是，村庄分流的小溪，更名为潘溪，村口的石拱桥命名为潘溪桥。或许，这只是汾水人对潘鉴表达的一份情意，而对于汾水的后人，却是一种恰到好处的启示吧。

五百年，村庄生活中会诞生或消亡许多的事，像田地上的庄稼，一季季地自然生长，有的瓜熟蒂落，有的折于风雨。庄稼一生的长度是一季，人的一生又有多长呢？潘鉴也是一位过客，汾水村的祠堂早已失去了踪影，而潘溪桥依然苍老在潘溪上。在汾水，这五百年的记忆有一个大的空当，或是显现着某种荒废的意味。景白线（景德镇至白沙关）省际公路，几乎与汾水村平行通过。村口的潘溪桥桥头，成了一个凸起的土墩，墩上呈现在我面前的有八百年的红豆杉、三百年的香樟、两百年的"千年钓"（当地一种乔木的土名），以及不知名的藤蔓。潘溪桥的另一桥头，成了村民的菜园，南瓜、冬瓜的藤蔓已经枯萎，新锄的菜地与青菜一起，色彩显得有些明艳。

走进村里，一家一家的大门，有关闭的，有虚掩的，门口长的方的青石光光洁洁的，干净得很，仿佛时时都在等待行人入座。潘溪静静地淌着，从村头到村尾有八座平板的石桥——一个青石筑的桥墩，桥面的石板四块六块不等。邻里之间，串个门十分方便，过个桥就是了。村里静寂寂的，但仍然让我感受到了一种久远的殷实与内敛。八座石桥，一天天地连接着村庄的生活，它可以最大限度地展开村庄的细节，但都是隐匿的，像潘溪的水一样很难看到波纹。通过溪边洗菜的老妪，我找到了吕松基老人，他对八座石桥也讲不出一个所以然，仿佛它们早已沉寂了。或许，在老人看来，桥与路都是一样的，比起生活中的人和事，它们久远的过去都可以忽略不计了。

走汾水、桥头潘、里王、外王等村，翻过山就到了延村、对坞。我与庆欣兄走在空旷的田畈上，远远地就看见了山坞里的高道桥廊亭。相传清朝中叶的时候，赋春福亭店有一位姓张的铁匠迁入梅坦，他在外地做铸造生意挣了钱，看到人们出行不方便，便捐资建了长二十三米宽五米的石拱桥。故事只是个梗概，而张铁匠的名字和建高道桥的具体年月，甚至耗费的银两，已经找不到答案了。青山相峙，山林茂密，峭壁嶙峋，溪涧蜿蜒。高道桥是从岩壁上拱起来的，拱的跨度有十三米左右，桥体一头连着山路，一头接着田畈，那隐约的石径，有多少时候没有村人走动了？想必，高道桥名字的由来，应该与这叠起的三十八级台阶有关吧。高道桥廊亭的砖墙裂得厉害，廊柱桁条有明显的朽迹，有的横梁用木头顶着，有的砖瓦都松动掉落了，仿佛有随时坍塌的可能。很难想象，这样的桥亭，古时候还有一个功用——杨令公庙，庙里还供奉着杨令公塑像。攀缘着砖墙的爬山虎（枫藤），还有桥头疯长的茅草，以及茂盛的野樱桃、野山楂树，无一不衬着桥的落寞与颓败。而桥头田畈上的稻田，有三十亩的样子都抛荒了，我想，村民怎么能舍弃安身立命的稻田呢？同行的对坞村支部书记朱金旺一脸无奈，他说，没办法，除了灌溉跟不上，还缺劳力，年轻人都出去打工了。高道桥过去是对坞去甲路的必经之地，你们往中云霞港村方向走，还有黄岗庙桥、彩霞桥，燕嘴的，桥上都有廊，现在公路改道，恐怕都没人走了。

去黄岗庙桥的路上，我想，前方还有多少古桥坠入废弃或者遗忘呢？

十三

公路避开小港口的述义桥，不动声色地向许村一路蜿蜒。仿佛人到了知天命之年，述义桥虽然一副宠辱不惊的样子，但仍在茫然中老去。离小港口几百米的地方，深渡通董家的三关桥，虽然有二十多米长五米宽的身体，但依然被高耸茂盛的香樟遮蔽了一大半。桥墩、桥身藤蔓荆棘蒺藜苔藓寄居，覆盖了时光的隐秘。桥下一溪碧水，映着树荫中的三拱桥影。深渡、小港口、董家三个村庄呈锐角分布，而三关桥“三关”背后的含义，也随着桥的苍老消失在时光里了。

跃明兄曾经在许村工作过，一路有他做向导，可谓双赢——他怀旧了，我少跑了弯路。穿过许村，顺着一条小路，就到了永昌桥。永昌桥是清代雍正年间建的，单拱，桥与路高低悬殊，要走上隆起的桥身，还要登上十步左右的石阶。在古时，永昌桥所在的位置，应是许村的水口，上首有明代建的晏公桥，附近还有关帝庙。这里有水有田，但没有了水口林，连关帝庙、晏公桥也没有了影子。许村是“南唐升元间（937—942），由乐平洺口许姓迁入建村”（《许氏宗谱》），而晏公相传是妈祖部下的总管，统领水阙仙班，为河神，许村人建晏公桥，祈求的应是平安顺行吧？在这里，永昌桥寂寞了多年。十九米长、六米宽的桥身，石缝里长满了石韦、茅草、荆棘，如来柱（经幢）孤零零地矗立着。桥头一侧，搭有一个木棚，地上满是猪屎牛粪。离木棚十几米的地方，便是水泥公路与村民新建的楼房。虽然永昌桥周边还有几亩稻田，但处处都呈现破旧立新的格局，不远处，新建的水泥桥已经竣工，新挖的水圳正在砌筑。在这里，我不仅听到了汽车的喇叭声，还听到了电锯发出的尖叫。由于路与桥总是连贯在一起的，永昌桥失去了路，也就失去了沟通，一个单拱在许村水口折射着一个孤独的半圆。

走公路去盘山村，省去了山岭的盘旋曲折。盘山村的乐善桥始建于清代，二十世纪五十年代进行了维修，后来还改了公路桥。据说，乐善桥桥头的位置，古时有一座汪帝庙，终年香火旺盛，尤其一年一度的“迎汪帝”祭祀活动，成为盘山及周边村庄的盛会。盘山村有一位姓程的老人，乐善好施。他为了方便村民出行，与汪帝庙的庙祝一起募集三年，终于建成了三拱的石拱桥。老人去世后，村民将此桥称为乐善桥。庙，“敬顺仰止，得妙法真如之地”，是应当顶礼膜拜的，却如何挡得了人的疯狂？汪帝庙的香火终结在一个特殊的年月，檐角的风铃碎成一地的碎片，庙也就不复存在了。在荡然无存的庙基上，我感受着一座桥带给一条河的寂静。

汪村村名的由来，完全是地方口音的误会。我也料想不到，汪村的第一身世是“桃李芬芳，四季如春”的诗意“芳春”。民间语言的强暴，反而让汪村成了名正言顺的村名。村庄里许多事情都这样，即便有出处，也懒得改，习惯成自然。找不到出处的呢？也照样一代代地口口相传。譬如：村水口的“双龙桥”便是如此。龙，只活在神话与传说中，甚至在封建时代还是帝王的象征。汪村人明代的时候，在水口建了一座石拱桥，就起了“双龙桥”的桥名。汪村人怎么说双龙桥，都与“龙”产生关联，一如龙的虚幻。汪村的溪水，缓缓地从古樟的浓荫下流过，不远处，有一条河流在等它赴约。顺着视线，溪水河水蜿蜒而淌，若是我没猜错，双龙桥的“龙”，只是“二水”的一个象征而已。

从朗湖沿着双港公路赶到彰睦村，已是午后了。在许村，与张常德有约在先，他在彰睦村帮忙找了一位村民做向导。福寿桥在村中的彰睦坑边，拱桥和桥亭都是清康熙年间建的，桥底有壅塞之势，桥亭也已倾斜，看上去摇摇欲坠。桥头有古老的樟树，樟树下，还有小得可怜的土地庙。土地神，算得上神灵中的卑微者了吧。福寿桥处在婺源至乐平的一条古道上，从彰睦经项村、周坑，就到了乐平的段家。年过八旬的程子达老人告诉我，在古时候，福寿桥的周边很讲究，有客馆，有莲花塘，可惜拆的拆，堵的堵了。据说，妇女身上有秽气，是不能走福寿桥的。村里就在福寿桥的边上，建了一座小石桥，让妇女从小石桥绕过去。现在，这样的事都不存在了。我无法想象三百四十年前，建桥人在给行人带来良好愿望和祝福的同时，给妇女又带来了怎样的歧视？说话间，村里一位妇女用单轮车推着一车竹片，吱吱呀呀地穿桥而过。

做向导的村民听说要去看灵显桥和彰睦桥，脸上有了惭愧与尴尬交替之色。他实话实说，两座桥的建桥时间说不清楚，有人说是雍正年间建的，也有人说是同治年间建的。灵显桥由于公路改道，早年就荒废了，至于彰睦桥，也倒塌了。尽管如此，我觉得还是有必要把这两座单拱桥的数字记录下来。灵显桥：长三米，宽一点五米，高三米；彰睦桥：长六米，宽四米，高三米。石头给人的感觉是坚硬的，面对彰睦桥的残痕，不知怎么的，我想到的第一个词就是脆弱。石头建成的桥怎么会脆弱呢？答案无疑是藏在时间的隐秘之中，再坚硬的石头，也很难抵住时间的锋刃。

桥，是路上的蹊径，它的遮蔽与老去，成了我在路上的守望、困惑，甚至焦虑。每到一个村庄，我作为一个过客，不可能听得到一座古桥轰然倒塌的声响，却在村庄看到了一座座坍塌了的，以及废弃、荒芜的古桥。石拱的古桥，是与山峦、河流、阡陌、树木、稻田，甚至村庄的环境相匹配的，不显山不露水，互相呼应，而改变或失去了这样的环境，古桥只有在荒草的覆盖下，等待孤寂地终老。秋风瑟瑟，面对荒芜、坍塌的古桥，我仿佛听到了源自时光深处的挽歌。

十四

或许，我们所处村庄外的大多数人，已忽视了旷野河流上荒芜的、残缺的甚至消失了的桥的存在，抑或是生活在村庄里的人出行方便了，已经遗忘了在旷野村庄还有一种桥叫古桥。我走向田野的调查与寻访，仅仅是证实或记录它们曾经的存在。这些桥，曾经与我们的生活密切相关，然而，又是什么侵扰，让我们忽视或遗忘了它们呢？

人类的生存与发展，总是离不开一条河流。在我们的生命中，都有一条河流伴着我们出生、长大，直至老去。或许，在历史的河流中荒芜消失的，不仅有一座座的桥，而是时代的信息、文化的基因，还有我们不知晓的文明。

发虚

——石匠的信仰和神灵

一

石拱桥的前世，是以石为梦的石匠，他们的掌纹，连着石头的纹理，一起向着河流枕水而居。那叮叮当当的声响，与潺潺的流水重叠着，散落在时间的皱褶里，像爬满桥石上的苔藓，匍匐、迷离。一座桥，只是石匠的一部分，而石匠却是一座桥的全部。

行走在婺源村庄的河边，我与一座又一座古老的石拱桥相遇，仍然抵达不了他们遗梦的深处。我追寻的旅途，是他们留给我远去漫长的时间磨砺。从清华的彩虹桥、聚星桥、高奢桥，我沿着他们埋下的伏笔，一路访问，找到了他们生活的村庄。花园村的村名很洋气，似乎与石匠手艺隔得很远，而在古朴的村庄里，石桥、石坊、石亭，甚至台基、勾栏、门墩、门框、柱础、漏窗，都沉淀着他们千丝万缕的记忆。村里“九思堂”中凝重沉雄的石雕，就是最好的实物。“九思堂”的主人和工匠一起，把孔子在《论语》中说的“君子有九思，视思明，听思聪，色思温，貌思恭，言思忠，事思敬，疑思问，忿思难，见得思义”，淋漓尽致地融入了建筑符号之中，留给后人无尽的想象与思考。

很难想象，处在山旮旯里的花园村石匠，早在一千多年前就有了名气。相传在北宋的时候，黄河南岸决了口，官府组织全国各地的石匠与民工去堵口。到得早动作快的，从两边开始堵，轮到中间的，水流湍急，难度相当大。花园村一百多名石匠不负众望，费了几年工夫终于把决口堵住了。于是，河南郑州黄河决口处有了“花园口”的称谓。乾隆年间，花园口筑将军坝，还调集了花园村石匠参与施工。而这些，都是历史的盲点，地方志不会为一批石匠留下任何的记载。如果说，郑州的花园口在千里之外，那么，清华的彩虹桥、聚星桥、高奢桥只在十里之遥，我也没能在地方志中看到他们的身影。以聚星桥为例：“聚星桥，清华胡、戴、余、洪四姓共建，后毁，轮溪（车田）洪宗益创建，胡之训、孟健、孟华、孟浩集资相助”，“己丑岁竟传桥已落成，募造者则僧人省宗……”在《婺源县志》和《重造清华聚星桥序》中，只提到了募造者；而光绪年间聚星桥又进行重修——“东井聚星多，爱此间水木清华，倚柱留题，跌宕文章湖海气；北仓遗址在，问当日金汤建设，凭栏吊古，模糊烟雨晋唐碑”，甚至高奢桥——“浙水西流，五十里屈曲迂回，波澜不起；寨山东峙，百千丈苍葱郁翠，图画常新”，晚清进士、江西审判厅丞江峰青题写的楹联，还是对建桥的石匠只字未提。从彩虹桥、高奢桥的碑记里，也没有能够读到有关记叙石匠的文字。

石匠、铁匠、木匠，在民间称为“三大匠”，他们有一个共同的祖师爷——鲁班。据说，在历史久远的年月里，花园村石匠学艺拜师傅，先要燃香叩首跪拜鲁班像，再向师傅行礼。拜鲁班像，是每一位学徒一次心灵的出发，在神圣的仪式感中认祖归宗。面对鲁班像，每一位徒子徒孙都肃然起敬，每一位徒子徒孙都怀着一份虔诚走上学艺之路。第一次听到这样的仪式时，我为民间拥有这样的习俗而感动。

二

是谁拥有一双慧眼，发现了村庄的山水田园之美，赋予了花园村的村名？是始迁祖江革，还是肇基祖江仲忠？一千多年的村史遥不可及，而民间的谱牒又毁于一个人性泯灭的年代，我是没有办法搜寻到答案了。花园十八村，村村是花园，家家是石匠。花园村的石匠手艺究竟如何，段莘石佛村的石拱桥就是最好的明证。石佛村村口的石拱桥，虽然只有一拱，却全部是一块块的石片砌成，没有任何的黏合物，显示了花园村石匠的高超技艺，难怪石佛人都叫“仙人桥”。花园村不仅石匠手艺有名气，才气也是让人津津乐道的。传说村里有一位小伙子，勤奋好学，可惜家境贫寒，无奈之中，便学了一门石匠手艺。他在歙州（安徽歙县）做石拱桥时，一次偶遇了一位大户人家的小姐，两人一见钟情。到了谈婚论嫁的时候，女方家人便询问他家中的情况，他急中生智，随口而来：“五里长街，十里花园，二十里平坦。大天井三十六，小天井芝麻粟，推车门，风扫地，月点灯，八十长工砍柴不够烧，两只渔船撑盐撑油不够吃。”他善意的谎言成就了自己的一生良缘，也给后人留下了一段佳话。女方家人怎么也不会想到，他说的前句是村庄位置——清华五里长街，到花园村十里路，从花园到查平坦村又有二十里——后句呢，是说家中的窘境了——无法遮风挡雨的老屋，砍柴的老父，家中仅有两只鹅生蛋换些盐油勉强度日。难能可贵的是，他的妻子随他回家乡，走进村里面对家庭冰冷的现实，无怨无悔。

青山叠翠，溪流交错，山水连绵，回环往复。在久远的年代，花园村石匠的手艺与智慧在村里也得到彰显，村庄周围的罗云桥、通济桥、里程桥、许家桥，从一拱到三拱，每一座桥都是村庄历史与民俗的信息。罗云桥离村口不远，横跨清（华）浙（源）公路，沿原先的沙石公路走两百米就到了桥头。下游的河面上，有一位村民撑着竹排在放渔网，清澈的水面和悠悠的场景，在我追随的目光里漾着古意与生动。村里的老支书潘荣祥介绍，传说罗景河上的罗云桥是与清华的彩虹桥同期建的，廊桥的样式也相同，只是桥的长度和燕嘴的多少不同而已。罗云桥竣工，村里管事的就去请县官剪彩。县官还没来，有一位乞丐要过桥，村里人觉得乞丐先行，起兆不好，说什么也不让他过。乞丐说，不让我走，你们也走不了。说着，天突然下起了倾盆大雨。三天后，连续的暴雨引发山洪，桥上的廊亭冲走了。二百多年前，村里一个叫江敬裕的人，在村口的关帝庙拜菩萨，许愿说菩萨保佑他做生意发了财，他就重建罗云桥上的廊亭。结果，他如愿了。江敬裕就把许愿的事告诉了岳父。岳父说，建廊亭是大家的事，做屋才是自己的事。你有了钱，怎么不去做屋呢？江敬裕听了岳父的话，在村里建了两幢房屋。房屋建好了，他也就一病不起。

潘荣祥老人讲起江敬裕的故事，让我不禁想起了思口汪村的生意人胡岩佑。据说清光绪年间，胡岩佑走过西冲横坑木板桥时，看到桥受损严重，发誓发了财一定在此建一座廊桥。谁知，他转身撒尿就在岩石底捡到了金子。捡到的金子让胡岩佑做生意本钱厚了，他发财后说话算数，开始捐建横坑桥。然而，他为了省几个钱，做屋找着箍桶匠（找错了师傅），外地做桥的木匠手艺非常差劲，廊桥的许多部件都做不到位。当地人用打油诗戏说："汪村胡岩佑，做桥没桥脚，桥凳反面做，瘸手又瘸脚。"我想，胡岩佑为了省几个银子，竟落得这样的口碑，他的肠子都要悔青了吧。

潘荣祥老人讲话笑眯眯的，不仅记性好，而且健谈。他说，二十世纪六十年代，桥两头都是樟树蔽合的，桥上还长着一棵一抱多粗的杨梅树，每年五月，树上的杨梅一片红。一九六六年，村口开始建设公路，杨梅树就砍了，罗云桥改建了公路桥，桥的名字也改了——红卫桥。他指着桥下的桥墩告诉我，当年负责改建的景德镇建筑工程队的吴兴泰工程师，对罗云桥的设计、建造佩服得很，改建时，桥基、桥台、桥石几乎是原封不动。二〇〇五年，拓宽改造的清浙公路通车，这座桥也就废弃了。

这是壬辰年年末的一个上午，雨雪刚过，阳光飘忽，但是虚虚浮浮的，感觉不到半点温暖。转下公路，去横坑段通济桥的路，到处是淤泥、水凼，很难下脚。一辆从身边驶过的摩托车，在前面的泥潭里突突几声就熄了火。潘荣祥老人领着我和建新兄，一脚深一脚浅地在泥泞中前行，走路的姿势不免狼狈。他说，清华彩虹桥一九八五年修燕嘴的时候，村里去了三十多人，我也去参加了，去帮衬管理一些事务。村里有名气的石匠，单关太、吴仁树、吴庆华、余连丁，一个个都去了，从头年的八月一直修到第二年的一月。当时修燕嘴的石头讲究得很，都是四处收集来的废弃了的牌坊石和门框石。从老潘的话语里可以听出，村里石匠能够对县里有名气的桥梁进行修建，是一份值得荣耀的事。

通济桥建于清代，石拱，一百八十度的桥身，虽然蒺藜、藤蔓、杂草丛生，但在浅浅的溪水里还是映出了一个圆。据说，建通济桥的石匠是花园金家村的，练过功夫，身手不错。他们师徒几个在安徽休宁建石桥时，地方上有一位和尚刁难他们，抱了一个铁砧丢在工地上，并放言说，有本事搬动就做，没本事搬动就滚蛋。徒弟急了，想去搬铁砧，被师傅拦下了。师傅二话不说，上前轻轻松松抱起铁砧，就扔到了一边。和尚自讨没趣，灰溜溜地走了。这样的情节，仿佛是影视中的，却来自民间的传说。通济桥，是否是金家的师徒留给花园村最后的纪念？后来，他们师徒还跟随湖北天门县令詹应甲在天门筑“詹公堤”。詹应甲是浙源虹关人，他积劳成疾，倒在了岗位上。去世后，时任湖广总督的林则徐为他写了墓志铭。而他们师徒几个，因为身份卑微，连名字都被人们遗忘了。

有了通济桥，横坑段与十亩段之间的路途就没有了阻隔。

通济桥周边的山峦，杉树、马尾松、湿地松汇成了人工林。前方，还有一畈畈的田野。从横坑段开口，通往沱川的旅游公路路基已具雏形，擦着通济桥的桥头而过，裸露的路基向着山里逶迤。返回时，我转身看到了一座古桥在山坞口的寂寞。

三

在花园村，年底是个尴尬的时段，田地中的事闲了，家里的事又忙不完，人情上下，里里外外，这些，像无形的磨盘，都在围着磨的轴心转。这个当口，想找一个人，确实要费些周折。

找到石匠师傅单关太，完全靠潘荣祥老人帮忙。单关太家住在花园村村口，从公路拐进泥土路，就可以看到他家的房屋。俗话说，老石匠摆铺子——尽是石货。在老单家很难看到石匠的影子。二层半的房屋，是前几年建的，几块木板铁钉一钉，就是院门。院子很大，属于半敞开式的，通透、明亮，前边还有一口鱼塘。堂前简洁，没有村庄家庭堆着的农具，甚至连地上冬储的冬瓜南瓜都没有。在我的意识里，做石匠是力气活，职业形象应该是虎背熊腰粗声大嗓的，没想到老单瘦瘦的，话音也轻。当我坐在火炉边说明来意，他只“哦”了一声，不好意思地笑了笑，谦逊地说，一个做桥的石匠，没什么好讲的，纯粹是养家糊口的手艺。几经引导，才算切入正题，我与他的谈话从他师傅展开。

“唉，师傅做了一辈子的石匠，最后还是没有为自己刻上一块墓碑。”说起师傅单德成，单关太的神情带着怀念，说话的声音近乎呓语。光凭他这句话，我觉得他是一位村庄的哲人。单德成的手艺是祖上传下来的，子承父业，方圆百里都有名气，他砸、剖、削、镂、铲、磨的功夫，样样了得。单关太十七岁跟他学徒，做了几十年的石匠，不知道什么缘故，他还是没能走出师傅的影子。老单说，师傅是父亲的叔叔，按辈分，应该叫他“公”。当时，家里揭不开锅，师傅酒都没请，更谈不上送“一年三节”了。学石匠手艺，等于有了一个饭碗，不讲做桥，村里的地基、门槛、门墩、门框、门架，还有舂米打麻粿的麻粿臼、磨豆腐的磨、养猪的猪食槽，都是石头做的，哪一样离得开石匠？老辈人说手艺人是：铁匠黑，木匠白，石匠头上飞铁锤。刚开始学徒，先学开“山皮”，每天龇牙咧嘴虎口震得发麻，铁锤在空中都抡不圆，有时铁锤还落不到钢钎上。做学徒不苦，那是哄人的话。后来做顺了，看到自己做的手艺，就觉得是一种享受。

说到做手艺，老单的话匣子就打开了，他说，石匠手艺有讲究，不然，怎么说是铁匠短木匠长，不长不短看石匠呢？说白了，这句话的意思是，铁匠在打铁器的时候，总喜欢在短处努力，因为铁器是可以在铁砧上经过锤打延长的；木匠则喜欢在长处努力，做木器保留一定的余地后，随时可以将多余的木料锯掉；相比之下，石匠就苦了，多一点不行，少一点也不行，只能按照尺寸，做到恰到好处才行。弄懂了石料的脾气，知道了石料的硬度、纹理，学石匠手艺等于出师了一半。熟能生巧，掌握了平凿、斜刨、横切、竖钻、直削、曲镂的要领，手艺也就算学到家了。青石板做石拱桥，石灰和纸筋勾缝，青山绿水，你说好看不好看？

老单瞥了我一眼，谦卑地说，做石拱桥，一拱的难度小点，上了三四拱的难度大得多。我是三年学出师的，分田到户前，都是跟着师傅做，一根扁担或一根杵棒挑着被褥和吃饭家伙（石匠工具）走四方。那时，生产队是集体，做手艺的也是社员，出去一个点工一块钱，拿回来交生产队记工分，一块钱十分工，算是正劳力了，到年底一结账，十分工只有三角多钱。他顿了顿，接着说，师傅走的时候八十二岁，算是高寿了。他走了有二十年了吧，一身之下，带了五个徒弟，总觉得什么地方打了折扣……

我想看到一个陌生的做桥老石匠的人生段落，让老单彻头彻尾地说说师傅的故事，但他迟疑了一会儿，还是没有顺着话题聊下去。不知道是出于对逝者的尊重，还是其他原因，他明显在回避。老单说，年数太多了，有些事都记不住了。对他这句话，我心里一直有着疑惑。

一位陌生的石匠走进我的视野，又退出了我的视野。

四

铁匠、木匠、篾匠、阉匠、窑匠、皮匠、银匠、漆匠、染匠、泥水匠、扎纸匠……在民间众多的手艺行当中，似乎做桥的石匠藏着太多的秘密，秘密之中有一种不知名的力量笼罩着，而且越久远越神秘。

单关太的年纪挨边七十，他做了五十年的桥，参与做的石拱桥差不多与做石匠的年数相等，称得上资深的石匠了。聊到石匠做桥祭桥神、安猖、刹榨习俗时，老单话语含蓄，不置可否。他说，师傅从来没有教过这些，自己只看过而已。一些事，师傅领进门，修行靠个人。各人做事，手法都不一样。我觉得，有些事，是逼不得已，有些事讲起来却俗气得很。

老石匠拜佛——知道拜的是石头。老单说，祭桥神实际上是拜鲁班师，没有雕像，没有容像，只有心中的一份念想。在做手艺的心目中，他发明的工具就像圣物。比如画线用的钢尺，还有弹线用的墨斗等。人们知道鲁班发明了锯、钻、铲、刨、曲尺、墨斗的比较多，而他发明石磨、石臼，还主持建造过石桥却鲜为人知。民间传说鲁班在造河北保安鸡鸣驿石桥时，夜以继日，他的姐姐怕他过于劳累，提前学了鸡叫，让他歇工，于是，就有了鸡鸣驿石桥的桥名。古时候，木匠、石匠、泥水匠，无一例外地都称鲁班为祖师爷，民间还为他建庙奉祀。做桥祭桥神，条件差的，一炷香，三杯酒，烧些纸钱，条件好的，还要加上小三牲或大三牲，在外人眼里，神秘得很。做桥的石匠师傅嘴里讲的，都是要求保佑桥梁太平万万年之类的话语。

老单所说的，就是所谓的祭桥神吗？俗话说，离地三尺有神明。真正的神是什么样子，无人知晓。往往，虚无的东西更让人心生敬畏。我小的时候，就曾听村里的老辈人说，只要人头顶竹筛，再在竹筛上燃上三炷香，就能看见神。还有一个说法，人换上了牛的眼睛也能看见神。然而，村里谁去做过这样的事呢？哪怕想试一试的人，我也没有听说过。

坊间，人们对石匠做桥安猖更是传得森然恐怖，有人说花园的石匠不能沾，有那么神乎其神吗？老单见我疑问重重，缓缓地说，我没有学过安猖，安猖真正有个什么样的说法，我也不清楚，而有的流传，完全是添油加醋，远离了本相。一九八五年，修清华彩虹桥燕嘴是做了安猖的，当时做安猖的是村里一位姓吴的石匠师傅，地点是河边的洲滩上。神龛是用石头临时搭的，插在地上的毛竹绑了一箍香，供品是一碗米粿、一碗猪肉蒸菜、一只鸡蛋。安猖的过程并不复杂，燃香、烧纸、作揖，用口水在石头上写字画符，最后，把生鸡蛋打碎扔了。那天，有一个小孩往地上的神龛撒了尿，回家就身体不舒服了。这事呀，急坏了家长，一把鼻涕一把泪地求吴师傅上门去驱邪。吴师傅去一看，拿了一汤瓯帮小孩刮了痧就好了。小孩先撒尿后发痧，如果凑到一起能不复杂吗？噢，对了，那年开始修桥并没有安猖，后来，放在工地上的吃饭家伙（石匠工具）经常被人偷偷拿走，吴师傅无奈，说不做点戏法，事都没法做了。别看有的人嘴上逞强，说有神灵，顺手牵羊的事都不敢做了。

约定俗成的规矩，像《西游记》中唐僧为孙悟空划定的圆圈，孙悟空如果犯规越禁，他所付出的代价必将是遭受师傅念的紧箍咒。古往今来，神灵对人的束缚，是让人匪夷所思的。

五

民间许多的习俗，就像一场一场的梦，隐秘、诡异、虚无，今天醒来，明天继续。

一把锋利的刀，从一只雄鸡的脖子上抹过，雄鸡在石匠师傅手上作垂死的挣扎，血一滴滴落下，溅得一地猩红。在烟香弥漫中，石匠师傅做桥刹榨仪式就这样开始了，他念念有词，咕噜咕噜地说着只有自己听得懂的话语。我在努力还原古时刹榨的一个场景，甚至还夹杂着一些诡异的成分。传说石匠师傅做桥刹榨时，他喊行人的名字，如果谁答应了，谁的魂魄就会被勾走，压在桥墩下，永世不得翻身。据说清华洪村在明正德年间建居安桥时，石匠师傅做刹榨就喊了行人的名字。刹榨时，村里有位村民正挑谷去水碓舂米，他刚走到桥头，做桥的石匠师傅就大声喊他。村民一愣，急中生智，撂下谷担，立即抓起一把稻谷往四处乱撒，他边撒边说："桥有桥神，路有路神，五谷有五谷神。石匠师傅，你叫自家，莫叫别人。"就这样，村民躲过了一劫。还有，相传西源何家村建遗德桥刹榨时，石匠师傅对着路过为母亲抓药的妇女叫名字。谁知，妇女毫不畏惧，拿起口袋中的铜钱放在路上，以其人之道还治其人之身。她说："将钱买路走，尖死石匠狗。"后来，石匠师傅一病不起……

我把在其他村庄听到的有关做桥刹榨的传说，和老单交流时，他笑了笑说，什么叫哄鬼，那就是人骗人。生活在农村的人，从小就听着类似的传说长大，稀奇古怪的，听得稀里糊涂，心里都发虚。其实，刹榨相当于建石拱桥的最后一道工序，先用檀树尖尖，再用石头尖，刹榨石挤紧，就开始拆券托桥体的桥模了，目的是巩固桥的质量。记得早年在许村盘山做石桥，有一位石匠师傅做过刹榨。本来做桥起拱那天，村里要请师傅酒，给大家加餐，不知道什么原因村里没有请，领头的石匠师傅心里就不高兴了。拆桥模那天，便说桥模拆不下来，要刹榨。话还没说完，石匠师傅就跑去村里"叉鸡"（偷雄鸡公）。回来后，燃了三炷香，烧了些纸钱，就把偷来的雄鸡公杀了，三下两下就把桥模拆了。说实话，肚子填不饱的时候，我也羡慕那些"叉鸡"的师傅，你想想，那时弄个鸡吃等于给自己过个年。老单搓着手说，不是我不开窍，在中云的坳上、下庄、上降，以及潋溪的上源，还有浙源的双河口做桥时，都有人提议过要刹榨，我不想去弄得鸡飞狗跳的，落在别人嘴里嚼舌头的事，我不做。人一辈子，落个好名声不容易。

凭老单这番话，我不由得敬他几分。有的时候，人性中的"小恶”假以宗教或某种仪式的名义，就心安理得了吗？想想，有“恶”的成分在里面，做桥刹榨即使有“法”，那也是渣滓。类似于石匠师傅做桥刹榨这样的事，与佛根本不沾边，但我还是想说说在《楞伽经》中读到的一句话："佛语心为宗，无门为法门。"佛说，心即是佛，应无所求。佛讲究的是安宁祥和，无欲无贪。在佛的眼里，任何的纷争都是没有意义的。

老单用手擦了擦鼻涕水，继续说，石匠就是石匠，又不是三教九流，有的人不在手艺上下工夫，却在没名没件的事上动心思。一次做桥刹榨，一位同行把杀了的雄鸡公放在滚水里褪毛，鸡公扑腾着逃了，失去了踪影。鸡没吃成，反倒把自己吓得半死。我知道，这是气数。从那以后，没见他做桥刹过榨。

六

电动切割机与电脑雕刻机的出现，是否意味着传统石匠手艺的终结？

一只迅速、快捷的动力之手，代替了无数双石匠的手。所有的石桥、石雕、牌坊，成了一种生产复制品，流水作业，它们已与民间的石匠手艺无关。而石拱桥的一石、一柱、一墩、一栏，都是机器速成的结果，那是人的不屑，还是机器的疯狂？

老单有些无奈，也有些辛酸。他说，前几年还有一些零零散散的事，修修补补的，现在基本上没有了，连开石磨都没人要。

这样的年纪，儿子女儿又在浙江打工，正好和老太婆在家里带孙子孙女打发日子。去年，徒弟俞荣华还邀我把把舵，去鄣山、沱川、浙源走了几遭，虽然做的是拱桥，但都是水泥浇的。难得他有这份心。他年轻，可以改行跳槽，我再混到一起，没着没落的，多不合适呀。

“教会徒弟饿死师傅。”老单对民间这句俗话根本不认同，他说，哪一个师傅对徒弟都像对子女一样看待，巴不得他们青出于蓝胜于蓝。徒弟有名气了，人家都说他是某某人的徒弟呀，做师傅的脸上也荣光。做师傅的怕就怕徒弟不长进，成不了气候的，徒弟没手艺，人家会说师傅没教好。问起老单的徒弟，我又碰到了他心头结了痂的伤口。如果说师傅单德成的去世，是时间的锐利带给老单的伤痛，那么，两个徒弟的死，像一根鱼刺卡在他的喉咙。因为，他们还没有到知天命的年龄。他们虽然已经自立门户了，但毕竟是老单的徒弟，每一锤、每一凿都是他教出来的。在人生的路上，老单成了一座桥，而桥的两头充满了悲凉——一头是师傅，一头是徒弟。我不知道内心为何有这样的感触，老单心里有怨，都不知道怨谁。能怨谁呢？想想，在时光的镜像里，又有多少像他的师傅、徒弟这样的石匠被遗忘了呢？如果桥有记忆的话，只有那些遗存在乡村的古桥知道了。老单带过三个徒弟，俞荣华却成了他唯一的徒弟。说起死去的徒弟，他只沉重地给了我两个字——癌症。

老单的话语里藏着悲伤，说话断断续续的。我强烈地感受到了他此时的孤独，心里不由得泛起酸楚。出于礼貌，我只好把话题转到了房屋上。老单说，单靠做石匠手艺，养家糊口还差不多，做屋想都不敢想，还是子女出去打工挣点钱，要在家里窝着，都没这个条件。口袋里没货（钱），心里瘪得慌。当年做手艺，钱少是少点，没人拖欠工钱。现在，看起来工钱涨了，开销也大，但还要拖欠，有的还成了死账。有的时候，千两银不如八百现，拿到手的才算数。按现在这样的状况，三年不打一更，像我这样的石匠去做桥，维持生活都很困难。

在老单家中，我没有看到他的吃饭家伙（石匠工具）。或许，那些曾经伴随他大半辈子的大锤、二锤、钢钎、楔子、钢凿、手锤，正隐藏在某个角落里，有的正在生锈，有的正在遗忘，有的则不知去向。

后记

婺源，既是我写作的出发点，也是我写作的归宿地。

我的文字写得最多的，是婺源的村庄、祠堂、民居，还有在这里生长抑或老去的人，却怎么也没有这次写婺源的桥这么写得死心塌地。

在进行田野调查之前，自认为对婺源是够了解的。然而，扎下去之后，才知道我错了，在婺源遥远的时间与空间里，我还有那么多的未知。每一座古桥衔接的路径，都直接通往婺源村庄的内心，以及隐藏在时光中的寂寥与无奈。顺着这条路一径走，我还感受到了蛰伏在乡村的空茫与苍凉。

江西省文艺繁荣工程“走向田野”散文丛书选题的写作，不仅给了我“补课”的机会，还给我的写作带来了新的着力点。经过认真的梳理过滤，婺源一座座古桥的前世今生终于浮出水面：一座古桥，就是乡土原生态文化的标记，就是一村人的心灵史，从中可以窥见乡村文化的遗存和不古的世道人心，甚至乡村伦理道德的秩序。

婺源古桥以一种象征体，在功用之外，与乡村千年的文化路径进行了连缀——从民间习俗中发掘文化底蕴，从建造中寻找生命谱系，从散落的历史节点和现实的荒芜中发觉变迁，从远去的手艺中感知工匠的体温和情感的气息，每一座古桥都承载着厚重而鲜活的记忆。我以行走的体验、切身的感受，以及想象还原的历史场景，记叙了对婺源古桥历史与现实的凝思，还有贯穿其中的文化判断。

向善、互助、团结、凝聚、和谐、包容、跨越，这些都是我对古桥文化认同的关键词，然而，它们散逸在时光之中，让我觉得又是那么的弥足珍贵。

有的作家，可以为故乡写一辈子，像福克纳和莫言。而我的文学书写，又能对婺源乡土进行怎样的抵达呢？在婺源乡村的慢生活里，没有漂浮，只有沉淀。一个人的孤独，不是一座桥孤独的缩影，而一个村庄的孤独比一个人的孤独更意味深长。我的文字就是我对这片乡土最深的感知与考量。我庆幸，在村庄日渐衰减的中国乡村版图上，还有一片值得我守望与抵达的乡土。

洪忠佩

癸巳年春于随缘斋

图书在版编目（CIP）数据

婺源的桥 / 洪忠佩著. —— 北京：生活·读书·新知三联书店，2014.4

（走向田野）

ISBN 978-7-108-04661-1

Ⅰ. ①婺… Ⅱ. ①洪… Ⅲ. ①古建筑－桥－介绍－婺源县
Ⅳ. ① K928.78

中国版本图书馆 CIP 数据核字（2014）第 032976 号

责任编辑 张 杰
装帧设计 薛 宇 张 红
责任印制 卢 岳
出版发行 生活·讀書·新知三联书店
北京市东城区美术馆东街22号
邮 编 100010
经 销 新华书店
网 址 www.sdxjpc.com
排版制作 北京红方众文科技咨询有限责任公司
印 刷 北京市松源印刷有限公司
版 次 2014年4月北京第1版
2014年4月北京第1次印刷
开 本 635毫米×965毫米 1/16 印张 16.5
字 数 150千字
定 价 32.00 元

（印装查询：010-64002715；邮购查询：010-84010542）